_____ 님께 이 책을 드립니다.

내 인생의 힘이 되는 말 한마디

초판 1쇄 발행 | 2017년 11월 30일

지은이 | 별글콘텐츠연구소
옮긴이 | 장한라

펴낸이 | 이삼영
책임편집 | 카후
마케팅 | 푸른나래
디자인 | 호기심고양이

펴낸곳 | 별글
블로그 | blog.naver.com/starrybook
등록 | 128-94-2209(2014년 1월 9일)
주소 | 경기도 고양시 덕양구 오금로 7 305동 1404호(신원동)
전화 | 070-7655-5949   팩스 | 070-7614-3657

- 이 책은 저작권법에 따라 보호를 받는 저작물이므로 무단전재와 복제를 금하며, 이 책 내용의 전부 또는 일부를 사용하려면 반드시 저작권자와 별글 출판사의 서면 동의를 받아야 합니다.

- 책값은 뒤표지에 있습니다. 잘못된 책은 바꾸어 드립니다.

ISBN 979-11-86877-51-7 14030
ISBN 979-11-952143-0-3(세트)

이 도서의 국립중앙도서관 출판예정도서목록(CIP)은 서지정보유통지원시스템 홈페이지
(http://seoji.nl.go.kr)와 국가자료 공동목록시스템(http://www.nl.go.kr/kolisnet)에서
이용하실 수 있습니다.
(CIP제어번호 : CIP2017029807)

별글은 독자 여러분의 책에 대한 아이디어와 원고 투고를 기다리고 있습니다.
책 출간을 원하시는 분은 이메일 starrybook@naver.com으로 간단한 개요와 취지, 연락처 등을 보내주세요.

내 인생의 힘이 되는
말 한마디

A word that is the power of my life

별글콘텐츠연구소 엮음

별글

우리의 신념은 언제나 꺼지지 않는
등불 같은 존재여야 한다.
그것은 우리에게 빛을 줄 뿐 아니라,
주위까지 밝게 비춰 준다.

Our faith should be an ever-lightening lamp.
It gives the light not only to us, but also to the places
around us.

마하트마 간디 _인도의 정치 지도자
Mahatma Gandhi - A political leader of India

한 걸음 한 걸음 천천히 걸어가기만 하면
목적지에 도달할 수 있다고 생각해서는 안 된다.
한 걸음 한 걸음 그 자체가 가치를 지녀야 한다.
하나의 큰 성과는 가치 있는 작은 일들이
모여 이루어진다.

You should not think that you can reach your end
through walking step by step.
Each step must have its own value.
One achievement is made up of valuable small things.

단테 알리기에리 _이탈리아의 시인, 예언자
Dante Alighieri - An Italian poet and prophet

마지막 순간을 마음속에
새긴 채 시작하라.

Start with keeping the last moment in mind.

스티븐 코비 _미국의 기업인, 컨설턴트
Stephen Covey - An American entrepreneur and consultant

다른 사람의 삶을 사느라
한정된 시간을 낭비하지 마라.
중요한 것은 당신의 마음과 직관을
따르는 용기를 내는 것이다.

Do not waste the limited time for living
the life of the other.
It is important to have the courage to follow your mind
and intuition.

스티브 잡스 _미국의 기업가
Steve Jobs - An American entrepreneur

무언가 되고 싶고, 하고 싶고,
앞으로 나아가고 싶고,
삶에 더 많은 의미를 부여하고 싶은 욕망은
기적을 만드는 재료들이다.

The desire to become something and do something,
and the eagerness to progress and put more value
on the life
are the ingredients for the miracle.

노먼 빈센트 필 _미국의 목사, 저술가, 연설가
Norman Vincent Peale - An American preacher, writer, and orator

동기가 순수하지 않으면 무엇을 한다 해도
만족스러운 결과를 얻을 수 없다.
우리가 먼저 해야 할 일은
순수한 동기를 일으키는 것이다.

If you don't have a pure intention,
you will never have a satisfying result.
The first thing we should do is to have a pure intention.

달라이 라마 _티베트의 지도자
Dalai Lama - A Tibetan leader

다른 누군가의 길을 밝혀 주기 위해 등불을 켜면
결국 자신의 길도 밝히는 것이 된다.

When you turn on the light to brighten the road
for the other,
it results in brightening your own way, too.

벤 스위트랜드 _미국의 사회학자, 감성컨설턴트
Ben Sweetland - An American sociologist and emotion
consultant

성공은 형편없는 선생이다.
똑똑한 사람들로 하여금
절대 패할 수 없다고 착각하게 만든다.

The success is a terrible teacher.
It deceives smart people that they would never fail.

빌 게이츠 _미국의 기업인, 자선사업가
Bill Gates - An American entrepreneur and philanthropist

정말로 위대한 사람은 특정 상황에서
특정인에게만이 아니라 모든 사람들에게
늘 예의 바르고 사려 깊고 관대하게 대한다.

The truly great person is not polite, thoughtful, and
generous for a certain person in a certain time.
The great person is always polite, thoughtful, and generous
to everybody.

토머스 왓슨 _미국의 기업가
Thomas Watson - An American entrepreneur

능력은 당신을 정상에 서게 해 줄 수 있다.
그러나 그 정상에 계속 머무르기 위해서는
인격이 뒷받침되어야 한다.

Your competences can make to be on the top.
However, in order to stay on the top, you do need a good
personality.

.... 🖋 ....

존 우든 _미국의 농구 감독
John Wooden - An American basketball coach

미련한 자는 자기의 경험을
통해서만 알려고 하고,
지혜로운 자는 남의 경험도
자기의 경험으로 여긴다.

Stupid person tries to learn from his own experience.
Wise person regards the other's experience as his own.

제임스 A 프루드 _영국의 역사가, 소설가, 전기 작가
James A Froude - An English historian, novelist, and biographer

세상을 자기가 태어나기 전보다
조금이라도 살기 좋은 곳으로 만들어 놓는 것,
잠시 머물다 떠나는 것이지만
단 한 사람의 인생이라도 행복해지는 것,
이것이 진정한 성공이다.

To make the world a better place than before
you were born,
to make a person's life to be happy even if the life is short;
this is the true success.

랄프 왈도 에머슨 _미국의 시인, 사상가
Ralph Waldo Emerson - An American poet and theorist

승자는 패자보다
훨씬 많은 실수를 저지른다.
그것이 바로 그들이
이길 수 있는 비결이다.

The winner makes much more mistakes than the loser.
This is the secret of the success.

.... 🖋 ....

앤드류 매튜스 _호주의 동기부여 전문가, 작가, 만화가
Andrew Matthews - An Australian motivation expert, writer,
cartoonist

리더십은 공감하는 능력과 연관이 깊다.
공감은 타인을 격려하고,
그들의 삶에 활력을 불어넣어 주기 위해
타인과 관계를 맺고 연대하는 능력이다.

The leadership is related to the ability to empathize.
The empathy is the ability to encourage others, and to
make relationship and solidarity with others to give energy
to their lives.

.... ✐ ....

오프라 윈프리 _미국의 방송인
Oprah Winfrey - An American broadcaster

충분히 시간을 갖고 심사숙고하라.
그러나 행동해야 할 시기가 오면
생각을 멈추고 움직여라.

Contemplate with the plenty of time.
However, when it comes the time to act,
stop contemplating and just move.

.... ✒ ....

나폴레옹 보나파르트 _프랑스의 군인, 제1통령, 황제
Napoléon Bonaparte - A French soldier, First Consul, and emperor

신이 당신에게 주는 메시지는
가슴 뛰는 일을 통해서 온다.
가슴 뛰는 일을 할 때
당신은 최고의 능력을 펼칠 수 있고,
가장 창조적이며, 가장 멋진 삶을 살 수 있다.

The message that the god gives to you
come from the heart-throbbing work.
When you do the heart-throbbing work,
you can do your best,
and live the most creative and great life.

다릴 앙카 _미국의 영성가, 저술가
Darryl Anka - An American spiritual leader and writer

사람답게 살 수 있는 힘은 오직 의지력에서 나온다.
물그릇이 있어야 물을 뜰 수 있다.
의지력이란 바로 그런 물그릇인 것이다.

The power to live in a humanistic way comes from the will.
We can have water only when we have a cup.
The will is the cup to have the water.

레오나르도 다빈치 _이탈리아 르네상스 시대의 미술가, 과학자, 기술자, 사상가
Leonardo Da Vinci - An artist, scientist, technician, and theoriest of the Renaissance age

'할 수 없다'고 생각하는 것은
'하기 싫다'고 다짐하는 것과 같다.

To think that 'it is impossible'
is to think that 'I don't want to do it'.

.... ✿ ....

바뤼흐 스피노자 _네덜란드의 철학자
Baruch Spinoza - An Dutch philosopher

자신을 인정하고 받아들이는 일은
자신감의 문제이다.
자신감이 없는 사람은 뛰어난 능력을 지녔어도
결국 자기모순에 의해 무너질 수밖에 없다.

To recognize and accept oneself is the matter
of confidence.
A person lack of confidence would fail from the
self contradiction
even if he has a great ability.

레스터 C 서로 _미국의 교수, 작가
Lester C Thurow - An American professor and .writer

머리로 생각하고 가슴으로 믿을 수 있다면
무엇이든 성취할 수 있다.

If you think with your brain and trust with your heart,
you can achieve everything.

나폴레온 힐 _미국의 성공학 전문가
Napoleon Hill - An American expert of the success studies

어둡다고 불평하는 것보다
작은 촛불 하나라도 켜는 것이 더 낫다.

It is better to light up a small candle
than to complain about the darkness.

공자 _중국 춘추 전국시대의 정치가, 교육자, 사상가
Confucius - A Chinese politician, educator and theorist of the
Warring States Period

먼저 우리가 어디에 있는지
어디로 가고 있는지를 안다면,
무엇을 할지 그것을 어떻게 할지도
더욱 정확히 알 수 있다.

The first thing to do is to know exactly where we are and
where we are heading to.
Then we can know more exactly what to do and
how to do it.

에이브러햄 링컨 _미국의 변호사, 제16대 대통령
Abraham Lincoln - An American lawyer and the 16th President
of the United States

큰 그릇 속의 효모 하나가
밀가루를 발효시키듯
오늘 시작한 작은 행동이
내 모든 것을 변화시킬 것이다.

**A small action that I started today
will change my everything,
as a small amount of yeast in a big bowl of flour
makes the fermentation.**

마리안 반 아이크 맥케인 _영국의 작가, 심리학자, 인성개발 전문가
Marian Van Eyk McCain - An English author, psychologist, and expert in personality development

성공의 여정을 즐길 줄 알아야 한다.
바로 지금, 여기, 한 순간마다 꿈을 이뤄 가는
아름다움과 경이로움이 깃들어 있다.

You need to know how to enjoy the journey to success.
Right now and here you can find the beauty and wonder to
make your dream come true.

마크 앨런 _미국의 출판 편집인
Mark Allen - An American book editor

무작정 출발해서는 안 된다.
목표가 무엇인지 먼저 명확하고
구체적으로 알아야 한다.
그것이 제2의 본성이 될 때까지
마음에 새기고 또 새겨라.

You must not start thoughtlessly.
First of all, you need to know your goal clearly and specifically.
Keep this in your mind until it becomes your another instinct.

레스 브라운 _미국의 동기부여 연설가
Les Brown - An American orator for motivation

만약 당신이 직원들 안에서
최상의 것을 찾는다면 그들은 성공할 것이다.
만약 비판하거나 최악의 것을 찾는다면
그들은 시들어 버릴 것이다.

If you find out the best things from your employees,
they will succeed.
If you find out the worst things or criticize them, their
potential will fade away.

리처드 브랜슨 _영국의 기업인
Richard Branson - An English entrepreneur

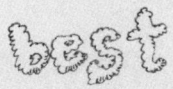

자기를 잃어버리지 말라.
자기의 본질에서 벗어나지만 않는다면
다른 건 다 잃어도 좋다.

Do not lose yourself.
You may lose anything else
as long as you keep the essence of yourself.

요한 볼프강 폰 괴테 _독일의 시인, 소설가, 극작가
Johann Wolfgang von Goethe - A German poet, novelist, and dramatist

중대한 일을 하는 사람들은
그 누구보다도 단순하다.
그들은 쓸데없는
생각을 할 여유가 없기 때문이다.

The people who make great works
are the most simple people,
for they have no time to think about useless things.

레프 톨스토이 _러시아의 소설가, 사상가
Lev Tolstoy - A Russian novelist and theorist

어떤 일이라도 계속 망설이기보다
불완전한 대로라도 일단 시작하라.
그러면 한 걸음 앞서게 된다.

No matter what it is,
stop hesitating and just start even if it is not perfect.
Then you will be already one step faster.

.... ✎ ....

러셀 베이커 _미국의 칼럼니스트, 작가
Russell Baker - An American columnist and writer

램프를 만들어 낸 것은 어둠이었고,
나침반을 만들어 낸 것은 안개였고,
탐험하게 만든 것은 배고픔이었다.
그리고 일의 진정한 가치를 깨닫기 위해서는
의기소침한 나날들이 필요했다.

It was the darkness that made the lamp,
it was the fog that made the compass,
and it was the hunger that made the adventure.
And the gloomy days were necessary in order to realize
the true value of the work.

빅토르 마리 위고 _프랑스의 낭만파 시인, 소설가, 극작가
Victor-Marie Hugo - A French romantist poet, novelist, and dramatist

리더에게 가장 필요한 덕목은 진실성이다.
어느 곳에 있든지 진실성이 없으면
진정한 성공을 거둘 수 없다.
동료에게 진실성을 보이지 못하는 사람은
먼저 말과 행동을 일치시켜야 한다.

The most necessary virtue for the leader is the sincerity.
Wherever you are, you cannot have the true success
if you are lack of sincerity.
A person who is not sincere to his colleagues
should try to make accordance between the words
and the action.

드와이트 아이젠하워 _미국의 군인, 제34대 대통령
Dwight Eisenhower - An American soldier and the 34th President
of the United States

가능성을 본다는 것은 외부에 있지 않다.
내 마음 안에 있다.

The possibility does not come from the outside.
It is staying inside of my mind.

쇼펜하우어 _독일의 철학자
Schopenhauer - A German philosopher

세상에서 가장 중요한 일들은
대개 전혀 가망이 없는 것처럼 보일 일에도
끝까지 노력을 기울이는 사람에 의해 이루어졌다.

The most important things in the world
were achieved by the people who keep trying
even when it seemed that there was no hope at all.

데일 카네기 _미국의 동기부여 강사, 저술가
Dale Carnegie - An American expert of motivation and writer

창조란 다른 사람이
자신의 욕구를 채 알지 못할 때
미리 그것을 감지하고 충족시켜 줄
무언가를 만들어 내는 것이다.

The creation is to detect the desire of the other and make
something to fulfill it,
even if then the other is not yet aware of his own desire.

하워드 슐츠 _미국의 기업 스타벅스 회장
Howard Schultz - An American chairman of the Starbucks

내가 할 수 있는 일은 때를 놓치지 말라.
인생의 불행은 자기가 할 수 있는 일을
하지 않는 데 그 원인이 있다.

Do not miss the moment to do what you can do.
The misery of the life happens
when you don't do the things that you could do.

로맹 롤랑 _프랑스의 소설가, 극작가, 수필가
Romain Rolland - A French novelist, dramatist, and essayist

인간의 정신에서 가장 핵심적인 자질은
자기 자신을 신뢰하고,
다른 사람들과의 신뢰를 쌓아가는 것이다.

The most essential quality in the human mind is
to trust oneself
and to build trust with other people.

마하트마 간디 _인도의 정치 지도자
Mahatma Gandhi - An Indian political leader

가장 뛰어난 리더는 절대로
'나는'이라고 말하지 않는다.
그들은 '나'를 생각하지 않는다.
'우리'를 생각하며 '팀'을 생각한다.
그들은 자기들의 역할이
팀을 활성화하는 것이라고 생각한다.

The best leaders
never say 'I am'.
They never think about 'I'.
They think about 'We' and the 'team'.
They think that their role is to activate the team.

피터 드러커 _미국의 경영학자, 저술가
Peter Drucker - An American expert in management and writer

리더란 위기의 순간에도
평상심을 유지할 수 있어야 한다.

A leader should keep the peace of mind
even when facing a crisis.

조지 버클리 _영국의 기업가
George Berkeley - An English entrepreneur

사람들이 우리가 하는 일을 보고
미쳤다고 말할 때 우리는 그 일을 해야 한다.
만약 사람들이 어떤 것이 좋다고 한다면 그것은
벌써 누군가가 그 일에 착수하고 있다는 뜻이다.

When people say that our work is crazy,
then we have to do that work.
When people say that something is good,
it means that there's already somebody working on that.

미타라이 하지메 _일본의 기업가
Mitarai Hajime - A Japanese entrepreneur

커뮤니케이션 능력은
타고 나는 것이 아니라
훈련으로 습득된다.

The ability to communicate
is not learned by nature.
It is learned by trainings.

.... / ....

콘돌리자 라이스 _미국의 국무장관
Condoleezza Rice - An American Secretary of State

꿈을 실현하는 비결을 알고 있는 사람이
정복할 수 없는 것은 없다.
그 비법은 호기심, 자신감, 일관성, 용기이다.
이 중 가장 중요한 것은 자신감이다.

For a person who knows the secret to make his
dream come true,
there is nothing impossible to conquer.
The secret is the curiosity, confidence, coherence,
and courage.
And the most important thing is the confidence.

월트 디즈니 _미국의 애니메이션 연출가, 제작자, 기업가
Walt Disney - An American animation director, producer, and entrepreneur

사람의 눈은 그가 현재 어떻다 하는
인품을 말하고,
사람의 입은 그가 무엇이 될 것인가 하는
가능성을 말한다.

The eye of a person tells us about the current personality,
and the mouth of a person tells us about the future
potentiality.

막심 고리키 _러시아의 소설가, 극작가
Maxim Gorky - A Russian novelist and dramatist

머리에서 나온 신념만으로는 성공할 수 없다.
신념은 뜨겁게 느끼고 확신하며
꿈까지 지배할 수 있어야 한다.

The faith from the head is not enough to success.
The faith should be enthusiastically felt, assured, and must
be able to rule over the dream.

버트런드 러셀 _영국의 철학자, 논리학자
Bertrand Russell - An English philosopher and logician

발을 내딛기 전에 결코 땅을 살피고자
아래를 내려다보지 말라.
저 먼 지평선을 바라보는 사람만이
자신이 가야할 길을 정확히 찾을 수 있다.

Do not look down at the ground
before you take a step.
Only the person who look at the horizon far ahead
is able to find his proper way.

게오르크 헤르메스 _독일의 로마 가톨릭 신학자
Georg Hermes - A German theologian of Roman Catholic

승자의 조건은 타고난 재능이나
높은 지능이 아니다.
승자의 조건은 소질이 아니라 태도이다.
태도야말로 성공의 잣대이다.

The condition to be a winner
is neither an intrinsic talent nor a high intelligence.
The condition to be a winner is not about the talent, but
about the attitude.
The attitude is the standard of the success.

데니스 웨이틀리 _미국의 강연가, 저술가, 컨설턴트
Denis Waitley - An American orator, writer, and consultant

나는 한꺼번에 일곱 계단을
뛰어오르려고 하지는 않는다.
다만 한 번에 하나씩
뛰어넘을 수 있는 일을 찾는다.

I never try to climb
seven steps at once.
I just focus on climbing
one step at a time.

———————— 🖋 ————————

워렌 버핏 _미국의 주식 투자가, 자본가, 자선가
Warren Buffett - An American expert in stock investment,
apitalist, and philanthropist

지도자의 첫 번째 의무는 특별한 노력 없이
자신을 사랑 받게 만드는 것이다.
어느 누구에게도, 심지어 스스로에게도
아부하지 않고 자연히 사랑 받는 것이다.

The most important duty of the leader
is to make himself to be loved without any special
endeavor.
It is to be loved naturally by everyone, even by himself,
without any flattery

앙드레 말로 _프랑스의 소설가, 정치가
André Malraux - A French novelist and politician

남보다 더 잘하려고 고민하지 말라.
'지금의 나'보다 잘하려고 애쓰는 게 더 중요하다.

Don't worry about being better than others.
The more important thing is to try to be better than
'the current me'.

윌리엄 포크너 _미국의 작가
William Faulkner - An American writer

고난의 시기에
동요하지 않는 사람이야말로
진정 뛰어난 인물이다.

The truly great person is
a man who is not shaken
in the time of the agony.

루트비히 판 베토벤 _독일의 음악가
Ludwig van Beethoven - A German musician

능숙한 선장은 폭풍을 만났을 때
폭풍에 반항하지 않고 절망도 하지 않는다.
늘 확고한 승산을 갖고 최선을 다해 활로를 열어 간다.
이것이 인생의 고난을 돌파하는 비결이다.

When a skilled captain meets a storm,
he neither resists nor falls into despair.
With the clear chance of winning, he does his best to make
his own way.
This is a secret to break through the difficulties of the life.

제임스 R 맥도널드 _영국의 정치가
James R McDonald - An English politician

창의성은 경험을 연결시켜
새로운 것을 합성하는 능력이다.
창의적인 사람들은 다른 사람보다
더 많이 경험했거나 자신이 겪은
일에 대해 더 많이 생각한 것이다.

The creativity is the ability to combine the new things
through the experience.
Creative people have more experience than the others,
or they have though much more about their own
experiences.

스티브 잡스 _미국의 기업인
Steve Jobs - An American entrepreneur

훌륭한 코치는 선수들에게,
그들이 현재 누구인가가 아니라
장차 어떤 사람이 될 수 있는가를 알게 해 준다.

The great coach teaches the players
not about who they are,
but about who they are able to be in the future.

아라 R 파세기안 _미국의 스포츠인
Ara R Parseghian - An American sportsman

어떤 결정을 내려야 할 때
가장 좋은 것은 올바른 결정이고,
다음으로 좋은 것은 잘못된 결정이며,
가장 나쁜 것은 아무 결정도 하지 않는 것이다.

When you make a decision,
the best one is the right decision,
the next one is the wrong decision,
and the worst one is to make no decision.

로저 엔리코 _미국의 기업가
Roger Enrico - An American entrepreneur

사람들은 당신이 얼마나
많은 지식을 갖고 있는가보다
자신들을 얼마나
아껴 주고 있는지 알기를 원한다.

People would like to know about
how much you love them,
rather than about how much knowledge you have.

.... 🖉 ....

존 맥스웰 _미국의 리더십 전문가, 작가
John Maxwell - An American expert in leadership and writer

당신이 전혀 알지 못하는 그 어떤 것을
넘어서서 성장하는 것은 불가능하다.
당신 자신의 한계를 뛰어넘기 위해서는
우선 자신을 제대로 알아야 한다.

**It is impossible to make progress
beyond something that you don't know about.
In order to go beyond your limit,
you need to know yourself first.**

스리 니사르가닷따 마하라지 _인도의 힌두교 성자
Sri Nisargadatta Maharaj - An Indian holy man of Hinduism

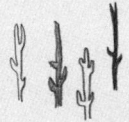

인생 최고의 황금기는
자기의 문제를 스스로 결정할 때이다.
당신의 문제를 남의 탓으로 돌리지 마라.
당신은 자신의 운명을
통제하고 있다는 것을 알아야 한다.

The golden epoch of the life
is when you make your own decision.
Don't put your problem to the responsibility of the other.
You must know that you are taking the control of your
own destiny.

.... 🖋 ....

스티브 구디어 _미국의 자기계발 전문가, 작가
Steve Goodier - An American expert in self-improvement and writer

사람을 얻기 위해서는 기다려야 한다.
눈은 먼 곳에 두되 가까이에 있는 인연에
충실하다 보면 장차 드넓은 천지를 만나게 될 것이다.

You need to wait in order to meet a proper person.
Keep your eye on far away, do your best for the
close people,
then you will soon meet the wide world.

스유엔 _중국의 작가
Shuwen - A Chinese writer

희망으로 가득 찬 사람과 교류하라.
창조적이고 낙관적인 사람과 소통하라.
긍정적이고 능동적으로 행동하라.
그리고 그런 사람을 자신의 주변에 배치하라.

Make relationship with the people who are full of hope.
Communicate with the people who are creative and positive.
Behave in a positive and active way.
And keep those people close by.

노먼 빈센트 필 _미국의 목사, 저술가, 연설가
Norman Vincent Peale - An American preacher, writer, and orator

조금만 변하기를 바란다면
당신의 행동을 바꿔라.
획기적으로 변하기를 바란다면
당신의 패러다임을 바꿔라.

If you want to make a small change,
change your behavior.
If you want to make a great change,
change your paradigm.

스티븐 코비 _미국의 기업인, 컨설턴트
Stephen Covey - An American entrepreneur and consultant

사소한 반대를 두려워하지 말라.
성공의 '연'은 역풍을 받으면
솟아오른다는 사실을 상기하라.

Don't be afraid of the small oppositions.
Remind that the 'kite' of the success would fly high up
to the sky
when it meets the headwind.

.... ✎ ....

나폴레온 힐 _미국의 성공학 전문가
Napoleon Hill - An American expert of the success studies

지식을 얻으려면 공부를 해야 하지만
지혜를 얻으려면 관찰해야 한다.

In order to gain the knowledge, you should study.
But in order to gain the wisdom, you should observe.

마릴린 보스 사반트 _미국의 잡지 칼럼니스트, 작가, 강연가, 극작가
Marilyn vos Savant - An American columnist, writer, orator, and dramatist

성공의 시금석은 당신이 정상에 올랐을 때
무엇을 하느냐가 아니다.
성공이란 당신이 바닥을 칠 때
얼마나 높이 뛰어오를 수 있느냐이다.

The milestone of the success is
not what you do when you reach the top.
The success is about how much you can jump
when you reach the ground.

조지 S 패튼 _미국의 군인
George S Patton - An American soldier

가족들에게 더할 나위 없는
사랑을 받은 사람은
평생 성공한 것처럼 느끼며 살고,
그 자신감이 그를 성공으로 이끈다.

A person who receive
the wonderful affection from the family
feels as if he's success during his whole life.
And this confidence leads him to the success.

.... ✒ ....

지그문트 프로이트 _오스트리아의 신경학자, 정신의학자
Sigmund Freud - An Austriand neurologist and psychiatrist

큰 변화를 꿈꿀 때 일상의 작은 변화들을
결코 무시해서는 안 된다.
일상의 작은 변화들이 쌓여
전혀 예기치 못한 큰 변화가 이루어진다.

When you eager to make a big change,
you should not ignore the small changes of the daily life.
The big change happens suddenly
when the small changes get accumulated.

매리언 라이트 이델먼 _미국의 아동인권운동가
Marian Wright Edelman - An American activist of children's
human rights

그대가 자긍심을 지키고자 한다면
그릇된 일을 함으로써 일시적으로
사람들을 기분 좋게 하는 것보다,
옳은 일을 함으로써
사람들을 불편하게 하는 것이 낫다.

If you'd like to keep your pride,
it is better to make people uncomfortable
by doing the right thing
than to make people temporarily feel good
by doing the wrong thing.

.... 🖋 ....

윌리엄 J H 보엣커 _미국의 장로교 목사, 설교가
William JH Boetcker - An American Presbyterian preacher

타인을 설득하는 최상의 방법 중 하나는
그 사람의 말을 경청해서 귀로 설득하는 것이다.

One of the best ways to convince the other
is to listen to him carefully and convince him by the ear.

데이비드 딘 러스크 _미국의 정치인
David Dean Rusk - An American politician

자신감을 잃지 마라.
자신을 존중할 줄 아는 사람만이
다른 사람을 존중할 수 있다.

Never lose the confidence.
A person who can respect oneself
is able to respect the other.

쇼펜하우어 _독일의 철학자
Schopenhauer - A German philosopher

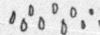

물은 자신 앞에 나타난 모든 장애물을
스스로 굽히고 적응함으로써 마침내 바다에 이른다.
적응하는 힘이 자유로워야 자신에게
달려오는 운명에 유연히 대처할 수 있다.

The water finally reaches the ocean
by adjusting oneself to all the obstacles.
The ability to adjust is essential
in order to properly deal with the destiny you face.

노자 _중국 고대의 철학자
Lao-tzu - An ancient Chinese philosopher

인생이 가져다주는 최고의 보물은
무엇보다도 가치 있는 일에 전념하는 것이다.

The best treasure of the life
is to devote oneself to the most valuable work.

.... 🖋 ....

테어도어 루스벨트 _미국의 정치인
Theodore Roosevelt - An American politician

당신이 어떤 사람을 끌어당길지는
당신이 원하는 것이 무엇이냐에 따라서
결정되는 것이 아니다.
당신이 어떤 사람이냐에 따라서 결정된다.

What kind of people you will meet
is not decided by
what you want.
It is decided by who you are.

존 맥스웰 _미국의 리더십 전문가, 작가
John Maxwell - An American expert in leadership and writer

자신을 이길 준비를 하지 않은 사람은
어떤 게임에서도 이길 수 없다.

A person who is not ready to make victory over oneself
cannot make victory in any other games.

베르길리우스 _고대 로마의 시인
Vergilius - An ancient Roman poet

어떤 돌이 전혀 움직이지 않고
도저히 손을 쓸 방도가 없다면
먼저 주변의 돌부터 움직여라.

If a stone doesn't move
and there is no way to deal with it,
move first the other stones around.

루트비히 비트겐슈타인 _오스트리아 출신의 영국 철학자
Ludwig Wittgenstein - An English philosopher from Austria

참된 창조자는
가장 흔하고 미천한 것에서
늘 주목할 만한 가치가 있는
뭔가를 발견할 줄 안다.

**A true creator
is able to find out something valuable
from the most common and valueless thing.**

.... ✒ ....

이고르 스트라빈스키 _러시아 출신의 미국 작곡가
Igor Stravinsky - An American composer from Russia

성공과 실패를 판가름하는 중요한 잣대는
단 세 마디 핑계로 표현될 수 있다.
"난 시간이 없었어."

The important standard to distinguish the success and
the failure
can be explained in four words.
"I had no time."

.... 🖋 ....

로버트 J 헤이스팅스 _미국의 작가
Robert J Hastings - An American writer

일에서 행복을 찾으려면
첫째, 그 일이 자기에게 맞아야 하고
둘째, 그 일을 지나치게 많이 하지 말아야 하며
셋째, 그 일에서 성취감을 맛보아야 한다.

In order to find happiness from your work,
first the work should be suitable for you,
second the work should not be too much,
third you need to feel the sense of accomplishment
from the work.

존 러스킨 _영국의 미술 건축 평론가, 사회사상가
John Ruskin - An English social philosopher and critic of art and architecture

일에서 즐거움의 비밀은
'탁월함'이라는 단어에 담겨 있다.
어떤 것을 능숙하게 해내는 방법을
아는 것이 그 일을 즐기는 것이다.

The secret of the joy of work
is in the word 'excellence'.
To know how to do something excellently
is to enjoy the work.

펄 벅 _미국의 작가, 인권운동가
Pearl Buck - An American writer and human rights activist

성장한다는 것은 변화하는 것을 의미한다.
그리고 변한다는 것은 미지의 세계로
발을 내딛으며 도전한다는 것을 뜻한다.

To grow means to change.
And to change means to make a challenge
stepping forward the unknown world.

.... 🖋 ....

조지 쉰 _미국의 기업가, 저술가
George Shinn - An American entrepreneur and writer

지금의 당신과
5년 뒤 당신의 차이는
그동안 당신이 만나는 사람과
읽는 책에 달려 있다.

The difference between the current you and you
in the 5 years later
is made through the people whom you meet and the
books you read.

찰리 트리멘더스 존스 _미국의 자기계발 전문가, 강연가
Charlie Tremendous Jones - An American orator and expert of
self-improvement

모두가 세상을
변화시키려고 생각하지만,
정작 스스로 변하겠다고
생각하는 사람은 없다.

**Everybody thinks about changing the world,
but nobody thinks about changing oneself.**

레프 톨스토이 _러시아의 소설가, 사상가
Lev Tolstoy - A Russian novelist and theorist

성공하는 사람들이란 자기가 바라는
환경을 찾아내는 사람들이다.
발견하지 못하면 자기가 만들면 되는 것이다.

The successful people are
the people who find out his ideal environment.
If you couldn't find it, you can just make it.

조지 버나드 쇼 _아일랜드의 극작가, 소설가, 비평가
George Bernard Shaw - An Irish dramatist, novelist, and critic

행운이란 준비와 기회의 만남이다.
당신이 준비할 때 기회는 그 모습을 드러낸다.

The good luck is a meeting between the preparation
and the chance.
The chance comes out when you prepare for it.

....  ....

마크 앨런 _미국의 출판 편집인
Mark Allen - An American book editor

모든 사람에게 예절 바르고,
많은 사람에게 붙임성 있고,
몇 사람에게 친밀하고,
한 사람에게 벗이 되고,
아무에게도 적이 되지 말라.

Be polite to everybody,
be sociable to many people,
be friendly to a few people,
be a friend to one person,
and be an enemy to nobody.

윈스턴 처칠 _영국의 정치가, 화가, 저술가
Winston Churchill - An English politician, painter, and writer

우리가 최선을 다해야 하는 이유는
사람들을 감동시키기 위해서가 아니다.
최선을 다할 때만이
자신이 즐겁게 일할 수 있기 때문이다.

The reason why we need to do our best
is not to affect people.
It is because we ourselves can work pleasantly
only when we do our best.

앤드류 매튜스 _호주의 동기부여 전문가, 작가, 만화가
Andrew Matthews - An Australian motivation expert, writer,
cartoonist

네모난 구멍의 네모난 못이 되기보다는
네모난 구멍의 동그란 못이 되어라.
세상은 이미 결정된 것이지만
삶은 아직 변화의 여지가 남아 있다

Be a round nail for a square hole
rather than to be a square nail for a square hole.
The world is already determined,
but there still exists the possibility of change.

엘버트 허버드 _미국의 작가, 출판 편집인, 예술가, 철학자
Elbert Hubbard - An American writer, editor, artist, and philosopher

솔직하다는 것은
스스로 남들에게 진실을 말하는 것이고,
성실하다는 것은
그 진실을 몸으로 실천하는 것이다.

To be honest means
to tell the truth to the others,
and to be sincere means
to practice the truth by yourself.

켄 블랜차드 _미국의 컨설턴트, 기업인
Ken Blanchard - An American consultant and entrepreneur

효율성 향상을
전략이라고 착각하지 말라.
전략은 '열심히'가 아니라
'다르게' 하는 데 있다.

Do not misunderstand the progress of the efficiency
as a strategy.
The strategy is not up to work 'hard',
but up to work 'differently'.

.... ✎ ....

마이클 유진 포터 _미국의 교수
Michael Eugene Porter - An American professor

너무나 창의적이고 자신의 사업에
지나치게 헌신적인 리더는
나머지 다른 사람들에게 책임을 분산시키지 못한다.
그러면 실패할 수도 있다.
재능 있는 인재를 고용해 책임을 공유하라.

Too creative and devotive leader
cannot share his responsibility with the rest of the people.
That may lead to a failure.
Hire a talented person and share the responsibility.

릴리언 버논 _독일 출신 미국의 기업가
Lillian vernon - An American entrepreneur from Germany

자기 자신을 믿지 않고 자신의 능력을
충분히 사용하지 않는 사람은
인생 일부분을 도둑질하고 있는 것이다.

A person who does not believe in oneself
and does not maximize the own competence
is a thief stealing a part of one's own life.

.... ✿ ....

지그 지글러 _미국의 작가, 연설가
Zig Ziglar - An American writer and orator

나는 항상 내가 할 수 없는 것을 한다.
그렇게 하면 할 수 있게 되기 때문이다.

I always do what I cannot do.
If so, I get to be able to do that.

파블로 피카소 _스페인의 화가
Pablo Picasso - A Spanish artist

목표가 확실한 사람은 아무리 거친 길에서도
앞으로 나갈 수 있지만
목표가 없는 사람은 아무리 좋은 길이라도
앞으로 나갈 수 없다.

A person with a clear goal can go forward
no matter how rough the road is.
However a person without a goal cannot go forward
even if he's on a smooth road.

.... ✎ ....

토머스 칼라일 _영국의 비평가, 역사가
Thomas Carlyle - An English critic and historian

누군가 다른 사람에게 성과를
돌릴 마음의 준비가 되어 있다면,
그의 가능성은 무한하다.

**If you are ready to share your achievements
with other people,
you have an endless possibility.**

로버트 우드러프 _미국의 기업 코카콜라 CEO
Robert Woodruff - The CEO of the American company Coca-Cola

아침의 신선함이 나른함으로 바뀌고
다리 근육은 긴장으로 후들거리며,
올라가야 할 길은 끝이 없다.
그리고 갑자기 아무것도 당신 마음대로 되지 않는다.
이때가 바로 당신이 멈춰서는 안 될 때이다.

The freshness of the morning changes into the lassitude,
the legs shake from the nervousness,
and the road to take seems endless.
And suddenly, nothing works as you mean to.
This is the moment when you must not stop.

다그 함마르셸드 _스웨덴의 경제학자, 전 유엔 사무총장
Dag Hammarskjöld - A Swedish economist, former UN Secretary General

다른 사람의 말을 신중하게
듣는 습관을 길러라.
그리고 될 수 있는 한,
말하는 사람의 마음속으로
빠져들도록 하라.

**Make it a habit to
listen carefully to the others.
And fall into the mind of the person who speak
as well as possible.**

마르쿠스 아우렐리우스 _로마제국의 제16대 황제, 스토아 철학자
Marcus Aurelius - The 16th emperor of the Roman empire and a
Stoic philosopher

참고 버텨라.
그 고통은 차츰차츰 줄어들어
너에게 좋은 것으로 변할 것이다.

Suffer and endure.
Then the agony would diminish step by step
and change into something good for you.

.... 🖉 ....

오비디우스 _고대 로마의 시인
Ovidius - A poet of the ancient Roman Empire

1분만 더 버티고
조금만 더 노력했더라면
실패의 대부분은 성공으로
바꿀 수 있었을 것이다.

If you'd endured one more minute
and tried a little bit more,
then you could have changed
most of your failures into the success.

나폴레온 힐 _미국의 성공학 전문가
Napoleon Hill - An American expert of the success studies

지적도 중요하지만 지적 뒤의 격려는
소나기 뒤의 햇빛과도 같다.

The critic is important.
But the encouragement after the critic is like the sunlight
after the shower.

요한 볼프강 폰 괴테 _독일의 시인, 소설가, 극작가
Johann Wolfgang von Goethe - A German poet, novelist, and dramatist

위대한 사람은 단번에 그와 같이
높은 곳에 뛰어오른 것이 아니다.
동반자들이 잘 적에 일어나
괴로움을 이기고 일에 몰두했던 것.
인생은 자고 쉬는 데 있지 않다.
한 걸음 한 걸음 걸어가는 데 있다.

A great person didn't reach the top at once.
He woke up while his colleagues were sleeping
and focused on his work fighting against the pain.
The life is not about sleeping and relaxing.
The life is about walking step by step.

로버트 브라우닝 _영국의 시인
Robert Browning - An English poet

누군가는 성공하고 누군가는 실수할 수도 있다.
하지만 이런 차이에 너무 집착하지 말라.
타인과 함께, 타인을 통해서 협력할 때에야
비로소 위대한 것이 탄생한다.

Somebody may success and somebody may fail.
But don't be obsessed with such a difference.
A great thing comes out
when you collaborate with the others and through
the others.

앙투안 드 생텍쥐페리 _프랑스의 작가, 비행사
Antoine de Saint-Exupéry - A French writer and pilot

같은 물건을 오래도록 바라보면
눈이 흐려져 결국 아무것도 보이지 않게 된다.
그와 마찬가지로 한 가지 일만 계속해서 생각하면
오히려 이해하기 어려운 경우가 있다.

When you stare at one thing for a long time,
it clouds your vision and finally you cannot see anything.
As such, if you keep focusing on one thing,
that bothers your understanding.

.... ✒ ....

쇼펜하우어 _독일의 철학자
Schopenhauer - A German philosopher

잘못을 인정하는 말이
상대의 마음을 움직인다.

A word that acknowledges your fault
moves the heart of the others.

.... 🖋 ....

리치 디보스 _미국의 동기부여 전문가
Rich Devos - An American expert in motivation

편견 없이 상대를 백지로 바라본다면
그 위에 새겨진 신의 속삭임을 들을 수 있다.

If you look at the others without any prejudice,
then you can hear the whisper of the god inscribed
on them.

시드니 J 해리스 _미국의 저널리스트
Sydney J Harris - An American journalist

급변하는 시대에는 끊임없이
학습하는 사람이 미래를 물려받는다.
학습하지 않는 사람은 존재하지도 않는
과거의 세계 속에서 살 수밖에 없다.

During a dynamically changing era,
a person who learns can take over the future.
A person who doesn't learn has to live in the past
which doesn't even exist any more.

에릭 호퍼 _미국의 사회철학자
Eric Hoffer - An American social philosopher

만약 내가 내 인격을 돌본다면
내 명성은 스스로를 돌볼 것이다.

If I take care of my own personality,
then my fame would take care of its own.

드와이트 라이먼 무디 _미국의 침례교회 평신도 전도사
Dwight Lyman Moody - An American lay preacher of the Baptist Church

인간이 현명해지는 것은
경험에 의한 것이 아니고
경험에 대처하는 능력에 따른 것이다.

A person becomes wise
not through the experiences
but through the ability to deal with the experiences.

조지 버나드 쇼 _아일랜드의 극작가, 소설가, 비평가
George Bernard Shaw - An Irish dramatist, novelist, and critic

우리는 어떠한 지배자
밑에 있는 것이 아니다.
자기 정신의 지배 아래 있다.
자기 힘으로 하라.

We are not under a ruler.
We are under the rule of one's own mind.
Do it for yourself.

----------------------- ✒ -----------------------

루키우스 아나이우스 세네카 _고대 로마의 철학자
Lucius Annaeus Seneca - A philosopher of the ancient Roman Empire

진실로 선비인 자는 사납지 않으며,
정말로 잘 싸우는 자는 화내지 않으며,
진실로 적을 이기는 자는 맞붙지 않으며,
사람을 잘 부리는 자는 그의 아래가 된다.

A true gentleman is not aggressive,
a true fighter does not get in anger,
a true winner does not fight against the enemy,
and a true ruler respects the others.

노자 _중국 고대의 철학자
Lao-tzu - A philosopher of the ancient China

불을 대하듯 윗사람을 대하라.
타지 않을 정도로 다가가고
얼지 않을 정도로 떨어져라.

Treat your elder as if you treat the fire.
Get close to him to the limit that you don't get burned
and get far from him to the limit that you don't get frozen.

디오게네스 _고대 그리스의 철학자
Diogenes - A philosopher of the ancient Greece

성공한 창의적인 괴짜들은
마음속으로 그리는 것을 열렬히 믿는 사람들이고,
남들로 하여금 자신의 아이디어를
받아들이게 하는 설득력이 뛰어난 사람들이다.

The successful creative freaks are the people
who have enthusiastic belief on their own imaginations
and the people with great persuasive power
to make others to accept their own ideas.

스티브 잡스 _미국의 기업가
Steve Jobs - An American entrepreneur

위기에 처했을 때 인격자는
스스로 이를 극복한다.
그는 스스로 행동을 결정하고,
그 책임을 지며,
그것을 자신의 것으로 만든다.

When faced with a crisis,
a person with desirable personality come over it by
oneself.
He makes decision for his behavior,
takes the responsibility,
and makes it as he's own.

샤를 드 골 _프랑스의 군인, 정치가
Charles de Gaulle - A French soldier and politician

성공한 사업가들은 언제나
인재로 키울 수 있는 사람에 대한
관찰과 접근을 게을리 하지 않는다.

The successful businessman
never stops the observation and access
toward the people who have the potential to become
skillful.

························· ✒ ·························

찰스 M 슈왑 _미국의 경영인
Charles M Schwab - An American businessman

실패한 사람이 다시 일어서지 못하는 것은
그 마음이 교만한 까닭이다.
성공한 사람이 그 성공을 유지하지 못하는 것도
역시 교만한 까닭이다.

A failed person cannot make a comeback
due to his arrogance.
A successful person cannot maintain his success
also due to his arrogance.

석가모니 _고대 인도의 사상가
Sakyamuni - A theorist of the ancient India

성공을 자축하는 것도 중요하지만
실패를 통해 배운 교훈에
주의를 기울이는 것이 더 중요하다.

It is important to celebrate oneself for the success.
But what is more important is to
pay attention to the lesson that you learned from a failure.

빌 게이츠 _미국의 기업인, 자선사업가
Bill Gates - An American entrepreneur and philanthropist

때로 푹 쉬도록 하라.
한 해 놀린 밭에서 풍성한 수확이 나는 법.

Take a good rest at times.
We may get plentiful harvest
from the field with a one-year rest.

오비디우스 _고대 로마의 시인
Ovidius - A poet of the ancient Rome

다른 사람의 의견에 휩쓸려
문제를 해결해서는 안 된다.
스스로 내 안에 있는 영혼의
소리에 귀를 기울여야 한다.

You must not deal with a problem
affected by the others' opinions.
You must pay attention to the
voice of your own soul.

레프 톨스토이 _러시아의 소설가, 사상가
Lev Tolstoy - A Russian novelist and theorist

나는 실패를 두려워하지 않는다.
다만 내 안의 엔진을 서서히 식게 하는
이런 말이 두려울 뿐이다.
"그냥 있어. 네가 바로 정상에 있는 사람이니까."

I am not afraid of the failure.
What I'm afraid of is the words as below
which make my inner engine to turn down.
"Stay still. You are the person at the top."

.... 🖋 ....

조지 S 패튼 _미국의 군인
George S Patton - An American soldier

당신의 직감을 믿어도 좋다.
직감은 그냥 생기는 것이 아니라
의식 아래 저장된 수많은 정보를
바탕으로 나오기 때문이다.

You may trust your own intuition.
It is not generated naturally
but through the numerous information
stored beneath your consciousness.

······················ ✏ ······················

조이스 브라더스 _미국의 심리학자, 칼럼니스트
Joyce Brothers - An American psychologist and columnist

짧게 써라. 그러면 읽힐 것이다.
명료하게 써라. 그러면 이해될 것이다.
그림같이 써라. 그러면 기억 속에 머물 것이다.

Write shortly, then it will be read.
Write clearly, then it will be understood.
Write like a painting, then it will stay in the memory.

조지프 퓰리처 _헝가리 태생의 미국 언론인, 신문 경영자
Joseph Pulitzer - An American journalist and manager of the newspaper born in Hungary

가슴 깊은 신념에서 말하는 '아니요'는
그저 다른 이를 기쁘게 하거나
위기를 모면하기 위해 말하는 '예'보다
더 낫고 위대하다.

A 'No' from the heartful faith
is much better and greater
than the 'Yes' to make others pleasant
or to escape from a crisis.

마하트마 간디 _인도의 정치 지도자
Mahatma Gandhi - An Indian political leader

세월은 피부를 주름지게 하지만,
열정을 저버리는 것은 영혼을 주름지게 한다.

The time makes wrinkles on your skin.
But to give up the passion makes wrinkles on your soul.

.... ✒ ....

더글라스 맥아더 _미국의 군인
Douglas MacArthur - An American soldier

생각을 수확해서 행동의 씨를 뿌려라.
행동을 수확해서 습관의 씨를 뿌리고
습관을 수확해서 인생의 씨를 뿌려라.

Harvest the thoughts and sow the seeds of the actions.
Harvest the actions and sow the seeds of the habits.
Harvest the habits and sow the seeds of the life.

스티븐 코비 _미국의 기업인, 컨설턴트
Stephen Covey - An American entrepreneur and consultant

처음부터 위대한 사람은 없다.
위대한 일을 위해 노력하는
평범한 사람이 있을 뿐이다.

There is no person who is great from the beginning.
There only exists a normal person
endeavoring for a great work.

파블로 사라사테 _스페인의 음악가
Pablo Sarasate - A Spanish musician

자기 자신을 위해 하는 일은
죽음과 함께 소멸한다.
하지만 타인과 세상을 위해서
하는 일은 영원히 남는다.

A work for oneself
diminishes with the death.
However the work with the others and the world
lasts forever.

앨버트 파이크 _미국의 변호사, 군인, 시인
Albert Pike - An American lawyer, soldier, and poet

네가 할 수 있는 일은 내가 할 수 없고,
내가 할 수 있는 일은 네가 할 수 없으니
우리는 함께 대단한 일을 할 수 있다.

I cannot do what you can do,
and you cannot do what I can do.
Therefore we can do a great work when we are together.

마더 테레사 _로마 가톨릭 수녀
Mother Teresa - A nun of the Roman Catholic

사람을 움직이는 최선의 방법은 먼저 상대방의
마음속에 강한 욕구를 불러일으키는 것이다.
그러므로 상대방의 욕구를 불러일으키는 사람은
많은 이의 지지를 얻는 데 성공할 것이며,
그렇지 못한 사람은 한 사람의
지지자도 얻지 못할 것이다.

The best way to motivate a person is
first of all to make strong eagerness inside the other's mind.
Therefore a person who succeeds in making the other's will
would succeed in gaining the support from a lot of people.
And a person who cannot
will not have a single supporter.

데일 카네기 _미국의 동기부여 강사, 작가
Dale Carnegie - An American expert of motivation and writer

반드시 해야만 하는 것을
알면서도 하지 않는 것,
그것이 바로 비겁이다.

**Doing nothing
even if it is obligatory,
that is the cowardice.**

존 러스킨 _영국의 미술 건축 평론가, 사회사상가
John Ruskin - An English social philosopher and critic of art and architecture

강인하고 긍정적인 태도는
그 어떤 특효약보다
더 많은 기적을 만들어 낸다.

A strong and positive attitude
makes the greatest miracle
than any other wonder-drug does.

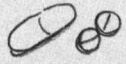

패트리샤 닐 _미국의 영화배우
Patricia Neal - An American actress

인생은 경주가 아니다.
누가 1등으로 들어오느냐로
성공을 따지는 경기가 아니다.
당신이 얼마나 의미 있고 행복한 시간을
보냈느냐가 바로 인생의 성공 열쇠다.

Life is not a race.
It is not a competition
to judge the success by the ranking.
The key to the success of life
is up to the meaningful and happy time you have.

마틴 루서 킹 _미국 침례교회 목사, 흑인해방운동가
Martin Luther King - An American preacher of the Baptist Church
and activist for the liberation of the black people

다들 나이를 먹으면 많은 것을
포기해야 한다고 말한다.
하지만 나는 많은 것을 포기하기 때문에
나이를 먹는 거라고 생각한다.

People say that
you have to give up many things when you get older.
However I think that people get older
because they give up many things.

.... 🖋 ....

시어도어 그린 _미국의 정치가
Theodore Greene - An American politician

가장 만족스러운 결과를 얻는 사람은
가장 뛰어난 아이디어를 가진 사람이 아니라
동료들의 머리와 능력을
가장 효과적으로 조율하는 사람이다.

The person who has the most satisfying result
is not a person who has the best idea
but a person who modify the brain and the capacity of
the colleagues
most efficiently.

알톤 존스 _미국의 사업가
Alton Jones - An American businessman

먼저 인간적으로 다가서야 한다.
기업적, 전문가적 또는 제도적인 틀에 갇혀서는
사람들을 제대로 이끌 수 없다.

First of all, you have to approach people with the humanity.
If you are restrained in the frame of business, experts, or bureaucracy,
you cannot lead people properly.

.... ✣ ....

폴 호킨 _미국의 기업가, 환경운동가, 저술가
Paul Hawken - An American entrepreneur, ecologist, and writer

언젠가 삶이 우리를 모질게
만들려고 할 때 기억해야 할 격언이 있다.
'이것은 불운이다'가 아니라
'이것을 훌륭하게 견디는 것이 행운이다'.

Here is a proverb that you must keep in mind
when the life tries to put you in the agony:
Not 'It is a misfortune',
but 'It is a fortune to endure it magnificiently'.

마르쿠스 아우렐리우스 _로마제국의 제16대 황제, 스토아 철학자
Marcus Aurelius - The 16th emperor of the Roman empire and a
Stoic philosopher

새로운 것을 보는 것만이 중요한 게 아니다.
모든 것을 새로운 눈으로 보는 것이 정말 중요하다.

It is not the only important thing to see the new things.
The truly important thing is to see everything with
a new perspective.

프란체스코 알베로니 _이탈리아의 사회학자, 작가
Francesco Alberoni - An Italian sociologist and writer

지키려고 하는 순간 몰락이 시작된다.
현상 유지에 몰두하는 것이
실패하는 기업의 가장 큰 특징이다.

The collapse starts when you try to keep something.
The most notable characteristic of the
unsuccessful company
is to focus on the maintenence.

짐 해리슨 _미국의 소설가
Jim Harrison - An American novelist

신념을 가지는 데는 용기가 필요하다.
이 용기란 위험을 감수할 수 있는 능력이요,
고통과 실망까지를 받아들일 수 있는 준비를 말한다.

You need courage to have faith.
This courage is the ability to bear the risk
and the preparation to accept the agony and
disappointment.

에리히 프롬 _독일 출생의 유대계 사회심리학자, 정신분석학자
Erich Fromm - A Jewish social psychologist and psychoanalyst
from Germany

사람과 사람 사이에 가장 큰 신뢰는
충고를 주고받는 신뢰이다.

The best trust between one person and the other
is the trust to exchange the advice.

프랜시스 베이컨 _영국의 철학자
Francis Bacon - An English philosopher

사람들이 꿈을 이루지 못하는
한 가지 이유는 생각을 바꾸지 않고
결과를 바꾸고 싶어 하기 때문이다.

The reason why people cannot make their
dream come true
is because they don't try to change the mind
but try to change the result.

존 맥스웰 _미국의 리더십 전문가, 작가
John Maxwell - An American expert in leadership and writer

인간사에는 안정된 것이
하나도 없음을 기억하라.
그러므로 성공에 들뜨거나
역경에 지나치게 의기소침하지 마라.

Remember that there is nothing stable
in the human life.
Therefore do not be excited to the success
or be depressed with the obstacle.

.... ✒ ....

소크라테스 _고대 그리스의 철학자
Socrates - A philosopher of the ancient Greece

성공과 관련한 유일한 어려움은
당신을 위해 함께 기뻐해 줄
사람들을 찾는 데 있다.

The only difficulty regarding the success
is the matter of having the people
who will be happy with your success.

베트 미들러 _미국의 배우, 가수
Bette Midler - An American actor and singer

일반적인 능력보다 훨씬 진귀하고,
훨씬 뛰어나며, 훨씬 중요한 게 있다.
바로 능력을 알아보는 능력이다.

There is a more precious, important,
and greater ability than the others.
That is the ability to recognize an ability.

.... 🖋 ....

엘버트 허버드 _미국의 작가, 출판 편집인, 예술가, 철학자
Elbert Hubbard - An American writer, book editor, artist, and philosopher

죽음은 도전이다.
죽음은 우리에게 시간을 낭비하지 말라고,
서로에게 사랑한다는 말을
지금 당장 하라고 일러 준다.

The death is a challenge.
The death tells us not to waste time
and say that I love you to each other.

레오 버스카글리아 _미국의 교육학자, 저술가
Leo Buscaglia - An American pedagogist and writer

당신에게 확실한 성공 공식을
알려줄 수는 없지만
실패의 공식을 알려 줄 수는 있다.
어떤 일을 하든 모든 사람의
마음에 들도록 하라.

I cannot tell you the formula of success
but can tell you the formula of failure.
Whatever you do,
make it to be satisfying to everyone.

허버트 베이야드 스워프 _미국의 출판 편집인, 저널리스트
Herbert Bayard Swope - An American book editor and journalist

가치 있는 적이 될 수 있는 자는,
화해하면 더 가치 있는 친구가 될 것이다.

A person who could be a valuable enemy
would be a more valuable friend if you make
reconciliation.

오웬 펠담 _영국의 작가
Owen Feltham - An English writer

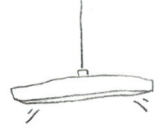

자신을 가장 관심 있는 목표로
이끌어 주는 지도자라 할지라도
자신의 기분을 이해해 주지 않는 자의
뒤를 따르지는 않는다.

When there is a leader who leads the others
to the most interesting goal,
but if the leader does not understand the others' feeling,
then nobody will follow the leader.

에이브러햄 링컨 _미국의 변호사, 제16대 대통령
Abraham Lincoln - An American lawyer and the 16th president
of the United States

성공은 항상 좋은 판단의 결과이고,
좋은 판단은 경험의 결과이며,
경험이란 가끔 잘못된 판단의 결과임을 기억하라.

Remember that the success is always the result of the
best decision,
the good decision is the result of the experience,
and the experience is at times the result
of the wrong decision.

앤서니 라빈스 _미국의 심리학자, 사회사업가
Anthony Robbins - An American psychologist and social worker

상사는 오직 하나뿐이다.
고객이 바로 당신의 상사다.
고객은 자기 돈을 다른 곳에 가서 쓰는
방법으로 회장에서부터 말단 직원에 이르기까지
회사의 전 직원을 간단히 해고할 수 있다.

There is only one boss.
The customer is your boss.
The customer may fire all the employees of a company,
from the chairperson to the minor employee,
simply by spending money for the other company.

.... 🖊 ....

샘 월튼 _미국의 기업가
Sam Walton - An American entrepreneur

누구도 자신의 어제를 바꿀 수는 없다.
하지만 우리 모두 자신의 내일은 바꿀 수 있다.

Nobody can change their own yesterday.
However everybody can change their own tomorrow.

콜린 파월 _미국의 정치인, 군인
Colin Powell - An American politician and soldier

자기가 하는 일에서 기쁨을 얻는 사람만이
그 일에서 성공했다고 할 수 있다.

Only a person who get pleasant from one's own work
is the successful person in that field.

헨리 데이비드 소로 _미국의 사상가, 문학가
Henry David Thoreau - An American theorist and writer

성공의 유일한 비결은
다른 사람의 생각을 이해하고,
자신의 처지와 상대방의 처지에서 동시에
사물을 바라볼 줄 아는 능력을 기르는 것이다.

The only secret of success
is to develop the ability to
understand the other's mind
and to treat a thing through the perspective of the one's
own and the others'.

.... ✒ ....

헨리 포드 _미국의 공학기술자
Henry Ford - An American engineer

성공의 가장 중요한 조건은 인내이고
가장 큰 걸림돌은 조급함이다.

The most important condition for the success
is the patience
and the biggest obstacle is the impatience.

.... ✎ ....

레프 톨스토이 _러시아의 소설가, 사상가
Lev Tolstoy - A Russian novelist and theorist

실수는 사람의 힘으로 막을 수 없다.
그러나 지혜롭고 훌륭한 사람은
실수와 오류로부터
미래를 대비하는 지혜를 배운다.

We cannot prevent the mistake with a human competence.
However a wise and great person
gains the wisdom to prepare for the future
from the mistake and the error.

.... ✒ ....

플루타르코스 _고대 로마의 그리스인 철학자, 저술가
Plutarchos - A Greek philosopher and writer of the ancient Roman Empire

사람들로부터 최고의 것을
이끌어 내는 가장 좋은 방법은
인정해 주고 격려해 주는 것이다.

The best way to derive the best thing from the people
is to recognize them and praise them.

찰스 M 슈왑 _미국의 경영인
Charles M Schwab - An American businessman

내 방식대로 삶을 사는 것.
내가 스스로 정한 목표에 도달하는 것.
내가 되고자 했던 사람이 되는 것.
이것이 바로 성공이다.

To live the life in my own way.
To reach the goal that I set for myself.
To become the person that I intended to.
This is the success.

마크 앨런 _미국의 출판 편집인
Mark Allen - An American book editor

타고 있는 배가
항상 샌다는 것을 알게 되면
구멍을 막느니 차라리
배를 바꿔 타는 것이 생산적이다.

**If you find out that your boat has a hole,
it is more productive to change the boat
rather than to fix the hole.**

워렌 버핏 _미국의 주식 투자가, 자본가, 자선가
Warren Buffett - An American expert in stock investment,
capitalist, and philanthropist

성공한 사람과 실패한 사람의 차이는
능력이 아니라 절실함과 진정성에 있다.
끊임없이 노력하는 사람에게는
능력마저도 얼마든지 주어진다.

The difference between the successful person and the unsuccessful person
is not on the ability but on the eagerness and the authenticity.
A person who keeps endeavoring
would even gain the endless competences.

이삼영 _우리나라의 출판 발행인
Sam Young LEE - A book publisher of Korea

성공이란 사람이 살아생전에
도달한 지위에 의해서가 아니라,
성공하기 위해 노력하는 과정에서,
극복해야 했던 장애물들에 의해 평가되어야 한다.

The success should not be evaluated
by the status a person reached,
but by the obstacles that the person had faced
in the way of endeavoring to success.

부커 T 워싱턴 _미국의 교육자, 연설가
Booker T Washington - An American educator and orator

최선을 다하고자 결심하는 순간
풍요의 여신도 감동한다.
결코 상상할 수 없는
여러 가지 일들이 나를 도와준다.

When you decide to do your best,
the goddess of abundance would be moved.
Everything beyond my imagination
would help you.

요한 볼프강 폰 괴테 _독일의 시인, 소설가, 극작가
Johann Wolfgang von Goethe - A German poet, novelist, and dramatist

사람들이 리더를
믿는 것은 대단한 일이다.
그러나 리더가 직원들을
믿는 것은 더욱 훌륭하다.

It is a great thing that people trust the leader.
But it is even greater that the leader trusts the employees.

존 맥스웰 _미국의 리더십 전문가, 작가
John Maxwell - An American expert in leadership and writer

모든 독서가(reader)가
다 지도자(leader)가 되는 것은 아니다.
그러나 모든 지도자는
반드시 독서가가 되어야 한다.

Not all the readers become the leaders.
However all the leaders must be the readers.

해리 트루먼 _미국의 정치인, 제33대 대통령
Harry Truman - An American politician and the 33rd president
of the United States

인생의 승패는 좋은 카드를 잡는 데
있는 것이 아니라 손에 쥐고 있는 카드를
어떻게 잘 쓰느냐에 달려 있다.

The success and failure of life
is not up to having good cards,
but to make the best of the cards you have.

.... 🖋 ....

토머스 머튼 _미국의 로마 가톨릭 신부, 작가
Thomas Merton - An American preacher of the Roman Catholic
and writer

평생 배우기에 힘써야 한다.
정신에 담고 머리에 집어넣는 것,
그것이 우리가 가질 수 있는 최고의 자산이다.

Endeavor to learn during the whole lifetime.
To keep something in the mind and the brain,
that is the best asset that we could possess.

브라이언 트레이시 _캐나다의 컨설턴트, 연설가
Brian Tracy - A Canadian consultant and orator

훌륭한 인간의 두드러진 특징은
쓰라린 환경을 이겨 냈다는 것이다.

The notable characteristic of a great person is that
the person has overcome the harsh environment.

루트비히 판 베토벤 _독일의 음악가
Ludwig van Beethoven - A German musician

성공이 행복의 열쇠가 아니라
행복이 성공의 열쇠다.
하고 있는 일을 사랑한다면
기필코 성공하게 될 것이다.

The success is not a key to the happiness
but the happiness is a key to the success.
If you love what you do,
you will certainly succeed.

.... 🖋 ....

허먼 케인 _미국의 정치인, 기업인
Herman Cain - An American politician and businessman

인간의 가장 훌륭한 이상은
미덕의 표본이 되는 게 아니다.
그저 다정하고 호감을 주며
분별력 있는 사람이 되는 것이다.

The ideal of a human being
is not to become a model of the virtue.
It is to become a kind, agreeable, and sensible person.

린위탕 _중국의 소설가, 문명비평가
Lin Yutang - A Chinese novelist and critic on civilization

당신이 타인을 진정 이해하고자 한다면
그가 하는 말을 듣지 말고,
그가 하지 않는 말에 귀를 기울여야 한다.

If you try to truly understand the others,
don't listen to what they speak
but listen to what they don't speak.

칼릴 지브란 _레바논의 철학자, 화가, 소설가, 시인
Kahlil Gibran - A Lebanese philosopher, painter, novelist and poet

게으른 행동에 대해
하늘이 주는 벌은 두 가지다.
하나는 자신의 실패요,
또 다른 하나는 그가 하지 않은 일을
해낸 옆 사람의 성공이다.

There are two kinds of punishment
that the god imposes toward the laziness.
One is the failure
and the other is the success of the neighbor
who has achieved what the person has not done.

쥘 르나르 _프랑스의 소설가, 극작가
Jules Renard - A French novelist and dramatist

조직을 탁월하게 장기적인 성공으로
몰고 가기 위해서는 매력적이고 훌륭하며
성취 가능한 미래의 비전을 널리
공유하는 것보다 더 강력한 엔진은 없다.

In order to excellently lead a team
into a long-term success,
the strongest engine would be
sharing the attractive, great, and feasible vision of the
future.

버트 나누스 _ 미국의 교육가, 작가, 자기계발 컨설턴트
Burt Nanus - An American educator, writer, and consultant for
self-improvement

직관이 우리를 이끌게 하고,
직감이 이끄는 대로
두려움 없이 따라가야 한다.

**Let the intuition lead us,
and follow as it leads
without fear.**

.... ✒ ....

샥티 거웨인 _미국의 뉴에이지 저자, 출판 편집인, 환경운동가
Shakti Gawain - An American New Age writer, book editor,
and ecologist

행복의 가장 중요한 요건은
기꺼이 본래의 자기대로 사는 것이다.

The most important condition to be happy
is to live as your own self.

에라스무스 _네덜란드의 로마 가톨릭 수도사, 인문학자
Erasmus - A Dutch preacher of Roman Catholic and humanist

성공은 최종적인 게 아니며,
실패는 치명적인 게 아니다.
중요한 것은 지속하고자 하는 용기다.

The success is not a final thing
and the failure is not a fatal thing.
What is important is the courage to continue.

윈스턴 처칠 _영국의 정치가, 화가, 저술가
Winston Churchill - An English politician, painter, and writer

비누는 쓸수록 물에 녹아 없어지는
하찮은 물건이지만 때를 씻어 준다.
물에 잘 녹지 않는 비누는 좋은 비누가 아니다.
사회를 위해 자기를 희생하려는 마음이 없고
자기를 아끼는 사람은 녹지 않는 나쁜 비누와 같다.

The soap is a trivial thing
which melts as we use,
but it removes the dirt.
A soap that doesn't melt is not a good soap.
A person who is selfish and doesn't want to sacrifice
for the society
is like a bad soap that doesn't melt.

.... ✎ ....

존 워너메이커 _미국의 사업가
John Wanamaker - An American businessman

끈질김은 성공의 큰 요소다.
오랫동안 요란하게 문을 두드린다면
결국 누군가를 깨우게 될 것이다.

The persistence is a great part of the success.
If we keep knocking the door loudly,
we would wake somebody up in the end.

헨리 롱펠로 _미국의 시인
Henry Longfellow - An American poet

출발하게 만드는 힘이 '동기'라면,
계속 나아가게 만드는 힘은 '습관'이다.

The power to make a start is the 'motivation',
and the power to keep progress is the 'habit'.

짐 라이언 _미국의 육상선수, 정치인
Jim Ryan - An American athlete and politician

느닷없이 떠오르는 생각은 가장 귀중하며
보관해야 할 가치가 있는 것이다.
메모하는 습관을 갖자.

The ideas that suddenly comes up
are the most precious and valuable to be preserved.
Make it a habit to write a memo.

프랜시스 베이컨 _영국의 철학자
Francis Bacon - An English philosopher

무슨 일을 하든지 정직하게 일하면
주변의 모든 사람에게 존경을 받는다.

If you work honestly on whatever you do,
you will get respect from all the others.

.... ✿ ....

카를로스 미구엘 구티에레스 _미국의 경영인, 정치인
Carlos Miguel Gutiérrez - An American businessmand and politician

열매가 많이 열린 나무는
바람에 흔들리지 않는다.

**A tree with a lot of fruits
doesn't get shaken by the wind.**

.... 🖋 ....

《탈무드》
《Talmud》

창의적인 사람은 새로운 생각을
창조하는 게 아니다.
자신의 머릿속에 있는 생각을
새롭게 조합할 뿐이다.

A creative person does not create a new idea.
That person just make a new composition of the ideas
that were already existing in the mind.

알렉스 F 오스본 _미국의 광고인
Alex F Osborn - An American advertising agent

어렵고 모순되는 상황에 부딪혔을 때,
그것을 깨부수려 하지 말고
시간을 두고 부드럽게 구부려라.

When faced with a difficult and paradoxical situation,
don't try to break it up
but try to bend it smoothly with enough time.

.... 🖋 ....

프랜시스 베이컨 _영국의 철학자
Francis Bacon - An English philosopher

나의 철칙 중 하나는 칭찬을 곁들이지 않는
비판은 하지 않는다는 것이다.
어떤 비판이든 하기 전과 하고 난 후에
칭찬할 거리를 찾아야 한다.
행위를 비판하되 사람을 비판하지는 마라.

One of my own rules is
not to make a critic without a praise.
Whatever the critic is,
you must find the praises before and after the critic.
You may criticize a behavior, but do not criticize a person.

메리 케이 애시 _미국의 경영자
Mary Kay Ash - An American entrepreneur

경영자가 해야 할 업무는 배우면 된다.
그러나 경영자가 배울 수 없는 일로,
어떻게든 스스로 몸에 지니지 않으면
안 되는 자산이 있다.
그것은 재능이 아니라 인격이다.

You can learn the ability to become a businessman.
But there is one asset that a businessman cannot learn,
but that has to be with him.
It is not the ability but the personality.

피터 F 드러커 _오스트리아 출신의 미국 경영학자, 작가
Peter F Drucker - An American economist and writer from Austria

사과할 때 가장 힘든 일은 자신이 틀렸음을
깨닫고 스스로 인정하는 것이다.
자신에 대해 솔직해지는 1분은 자기를 기만한
며칠, 몇 달, 몇 년보다 값지다.

The hardest thing when you apologize
is to realize and accept that you are wrong.
One minute to be honest to yourself
is more precious than the days, months, and years that you
spend on deceiving yourself.

켄 블랜차드 _미국의 컨설턴트, 기업인
Ken Blanchard - An American consultant and businessman

이도 저도 할 수 없다고 생각하는 한,
그것을 하지 않기로 마음먹는 한,
결과적으로 그것을 하기란 불가능하다.

As long as you think that you cannot do anything,
and as long as you decide not to do something,
it gets impossible to do that thing.

바뤼흐 스피노자 _네덜란드 철학자
Baruch Spinoza - A Dutch philosopher

약한 사람일지라도
이루고자 하는 목표에 온 힘과 정신을 집중하면
무엇이든 실현할 수 있다.

Even a weak person can achieve anything
as long as he puts all of his competence and mind
on the goal.

.... ✐ ....

샤를 드 몽테스키외 _프랑스 사상가
Charles de Montesquieu - A French theorist

목표가 있는 사람들은 성공한다.
그들은 어디로 가고 있는지 잘 알고 있기 때문이다.
답은 의외로 간단하다.

The people with the goal make success.
Because they know where they are going to.
The answer is unexpectedly simple.

얼 나이팅게일 _미국의 저술가, 강연가
Earl Nightingale - An American writer and orator

인생의 궁극적 목표는 이기는 것이 아니라
당신의 능력을 끌어올릴 수 있는 범위 내에서
가능한 최고로 자리매김하는 것이다.

The ultimate goal of the life is not to win
but to position yourself to the utmost place
that you can reach with all your potentiality.

토머스 J 빌로드 _재정전문가, 강연가
Thomas J Bilod - A financial advisor and orator

숙고할 시간을 가져라.
그러나 행동할 때가 오면 생각을 멈추고
바로 뛰어들어라.

Have a time to contemplate.
However, when it comes the time to act,
stop thinking and just act.

나폴레옹 보나파르트 _프랑스의 군인. 제1통령. 황제
Napoléon Bonaparte - A French soldier, First Consul, and emperor

젊은이들은 신중함에 대해 충분히 알지 못하기 때문에
불가능한 일을 시도한다.
그리고 해낸다. 이제껏 그래 왔듯이
앞으로도 그러할 것이다.

The young people aren't careful enough
and try the impossible things.
Then they make it.
They will do so in the future as they have done in the past.

펄 벅 _ 미국의 작가, 인권운동가
Pearl Buck - An American writer and human rights activist

무언가를 잃을까 걱정하지 마라.
잃는 게 옳다면 잃게 될 것이다.
서두르지도 마라.
좋은 것은 그냥 사라져 버리지는 않으니.

Don't worry about losing something.
If it is right to lose, then you will lose.
Do not even hurry. Good things never fade easily.

존 스타인벡 _ 미국의 소설가
John Ernst Steinbeck - An American novelist

신은 우리가 행복하기를 바란다.
그래서 우리 마음속에 행복해지고
싶어 하는 욕구를 심어 두었다.

The god wants us to be happy.
Therefore he gave us the eagerness to be happy
inside of our mind.

레프 톨스토이 _러시아의 소설가, 사상가
Lev Tolstoy - A Russian novelist and theorist

행복은, 수만 수천의 꽃들 사이를
통과하지만 그 꽃을 하나도
손상시키지 않는 햇볕 같은 것이다.

The happiness is like a sunlight
which passes through the thousands of flowers
but never harms anything among them.

제인 포터 _미국의 소설가
Jane Porter - An American novelist

행복을 즐겨야 할 시간은
지금이다.
행복을 즐겨야 할 장소는
바로 여기다.

The time to enjoy the happiness
is right now.
The place to enjoy the happiness
is right here.

로버트 그린 잉거솔 _미국의 정치지도자, 연설가
Robert Green Ingersoll - An American political leader and orator

인간은 자신이 행복하려고
스스로 결심하는 만큼만 행복할 수 있다.

Human can be happy
only to the extent that one decides to be happy.

에이브러햄 링컨 _미국의 변호사, 제16대 대통령
Abraham Lincoln - An American lawyer and the 16th president
of the United States

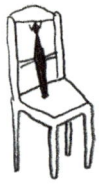

무수한 사람들 가운데는 나와 뜻을
같이할 사람이 한둘은 있을 것이다.
그것으로 충분하다.
숨 쉬는 데는 들창문 하나로도 족하다.

There would be one or two among the numerous people
who would like to agree with me.
That is enough.
A single window is enough to breathe.

로맹 롤랑 _프랑스의 소설가, 극작가, 수필가
Romain Rolland - A French novelist, dramatist, and essayist

정말로 사람을 기분 좋게 하는 것은
자신이 칭찬 받을 만한 사람이라고
상대방이 생각하고 있다는 사실이다.

What makes a person truly happy is
the fact that the other people regards the person
as someone who deserves the praise.

조지 버나드 쇼 _아일랜드의 극작가, 소설가, 비평가
George Bernard Shaw - An Irish dramatist, novelist, and critic

행복의 비밀은
자신이 좋아하는 일을 하는 것이 아니라
자신이 하는 일을 좋아하는 것이다.

The secret is
not to do what you like
but to like what you do.

앤드류 매튜스 _호주의 동기부여 전문가, 작가, 만화가
Andrew Matthews - An Australian motivation expert, writer, cartoonist

인간의 가치는 얼마나
사랑 받았느냐가 아니라
얼마나 사람들에게
사랑을 주었느냐에 달려 있다.

The value of a person
is not decided by how much he is loved.
It is decided by how much love he gives to the others.

에픽테토스 _고대 그리스 로마의 철학자
Epictetus - A philosopher of the ancient Greece

사람의 행복이란
서로 그리워하는 것,
서로 마주 보는 것,
그리고 서로 자신을 주는 것이다.

The happiness of the person
is to miss each other,
to look at each other,
and to devote oneself to each other.

························ ✿ ························

카를 힐티 _스위스의 사상가, 법률가
Carl Hilty - A Swiss theorist and jurist

될 수 있는 한 주변 사람들과 소통하라.
더 많이 알수록 더 많이 보살펴 줄 수 있다.
그렇게 보살핌이 시작되면 이들 사이의
관계를 막을 것은 아무것도 없다.

Communicate with your acquaintances as much as possible.
The more you know about people, the more you can take
care of them.
Once the care begins,
nothing can ruin the relationship.

샘 월튼 _미국의 기업인
Sam Walton - An American businessman

그 누구도 살아서
이 세상을 빠져나갈 수 없다.
바로 이 순간이 살고, 배우고,
보살피고, 나누고, 축하하고,
사랑해야 할 시간이다.

Nobody can get out of the world alive.
Right this moment is the time to
live, learn, care, share, celebrate, and love.

레오 버스카글리아 _미국의 교육학자, 저술가
Leo Buscaglia - An American pedagogist and writer

아무리 작은 칭찬이라도
칭찬은 좋은 것이다.
타인을 칭찬하는 것은 당신의
행복을 증가시키는 일이다.

No matter how trivial it is,
a praise is a good thing.
To praise the other
is to enhance your happiness.

노먼 빈센트 필 _미국의 목사, 저술가, 연설가
Norman Vincent Peale - An American preacher, writer, and orator

행복의 원리는 간단하다.
불만에 속지 않으면 된다.
어떤 불만 때문에 자기를 학대하지만
않는다면 인생은 즐거운 것이다.

The principle of happiness is simple.
You must not be fooled by the complaints.
Life is a happy thing
as long as you don't bother yourself
due to the complaints.

························ ✒ ························

버트런드 러셀 _영국의 철학자, 논리학자
Bertrand Russell - An English philosopher and logician

현재의 삶에 만족하지 못한다면 그것은
엉뚱한 곳에서 행복을 찾기 때문이다.

If you are not satisfied with the current life,
that is because you are seeking for the happiness at a
improper place.

.... ✎ ....

레프 톨스토이 _러시아의 소설가, 사상가
Lev Tolstoy - A Russian novelist and theorist

때론 삶이라는 거센 물결에 휩쓸려
우리가 지니고 있던
각진 모서리를 잃게 되는데,
그건 좋은 일일 수도 있다.
새로운 모습으로
거듭날 수 있다는 건 멋진 일이니까.

Sometimes we lose our sharp edges
due to the strong wave of the life.
And that could be a good event.
For it is amazing to have a chance
to have a new aspect.

대니얼 고틀립 _ 미국의 심리학자, 가족문제치료전문가
Daniel Gottlieb - An American psychologist and family counselor

매일매일 행복하게 살다 보면
영원히 행복하게 사는 것도 가능해진다.

If you continue to live happily day by day,
then it is possible to live happily forever.

마가렛 W 보나노 _미국의 작가, 출판 편집인
Margaret W Bonnano - An American writer and book editor

힘은 희망을 가진 사람들에게 주어지고,
용기는 가슴속 의지에서 일어난다.

The power is given to the people with hope
and the courage is derived from the will of the mind.

펄 벅 _미국의 작가, 인권운동가
Pearl Buck - An American writer and human rights activist

움직이는 것은
바람도 깃발도 아니요,
바로 너의 마음이다.

The thing that moves
is neither the wind nor the flag,
but your mind.

.... / ....

혜능 _중국 당나라의 승려
Huineng - A monk of the Tang Dynasty of China

캄캄한 세계 속에 살고 있다는
생각을 해 본 적이 없다.
그것은 내 마음속에 언제나
태양이 떠 있기 때문이다.

I've never thought that I'm living in a dark world.
That is because there is always the sun inside my mind.

헬렌 켈러 _미국의 작가, 사회사업가
Helen Keller - An American writer and social worker

좋은 친구가 생기기를 기다리는 것보다
스스로 누군가에게
좋은 친구가 되었을 때 행복하다.

It is more happy to become a good friend to somebody
rather than to wait until you have a good friend.

.... 🖋 ....

러셀 베이커 _미국의 칼럼니스트, 작가
Russell Baker - An American columnist and writer

자신이 공들이고 견뎌 낸 모든 것을
기억하는 사람에게는 슬픔조차도
오랜 시간이 지나면 기쁨이 된다.

For a person who remembers everything
that he endeavored and endured,
even the sadness becomes the happiness
when the long time passes.

.... 🌿 ....

호메로스 _고대 그리스의 작가
Homer - A writer of ancient Greece

누구에게나 고통스러운 순간이 있다.
그럴 때에는 더 큰 아픔을 겪는 사람의 고통을
자신이 덜어 주고 있다고 생각하라.

Anybody has the painful moment.
When you are in that moment,
think that you are sharing the other's pain who is more
painful than you.

알베르트 슈바이처 _독일의 신학자, 의사, 음악가
Albert Schweitzer - A German theologian, doctor, and musician

인간은 자신이 가치 있다고 느낄 때
용기가 솟는다.
그리고 '나는 공동체에 유익한 존재다'라고 느끼면
자신의 가치를 실감한다.

People make courage
when they feel that they themselves are valuable.
And they realize their value
when they feel that "I am helpful for the community."

.... 🖋 ....

알프레드 아들러 _ 오스트리아 정신의학자
Alfred Adler - An Austrian psychiatrist

장애물을 만나더라도,
자신의 목표를 달성하는 일이
눈앞의 장애물보다 더 중요하다고 생각하고
끊임없이 노력하는 마음을
용기라고 한다.

Even if you encounter an obstacle,
keep continue to endeavor your own goal,
which is more important than the current obstacle.
That is the courage.

.... 🖋 ....

알프레드 아들러 _ 오스트리아 정신의학자
Alfred Adler - An Austrian psychiatrist

무엇이 주어졌는가를 고민해도
현실은 변하지 않는다.
사람은 교환이 가능한 기계가 아니다.
우리에게 필요한 것은
교환이 아니라 고쳐나가는 과정이다.

Even if you contemplate on what you were given,
the reality never changes.
A human is not a machine to be replaced.
What is necessary for us
is not to replace but to fix ourselves.

························· ✂ ·························

알프레드 아들러 _ 오스트리아 정신의학자
Alfred Adler - An Austrian psychiatrist

어쩌면 나이를 먹는 것은
즐거운 일인지도 모른다.
나이를 먹으면 먹을수록
추억은 늘어나는 법이니까.

**To get older might be a pleasant thing.
As we get older,
we have more good memories, too.**

유모토 가즈미 _일본의 방송작가
Yumoto Kazumi - A Japanese writer in broadcasting

때로 인생은 우리를 몹시 아프게 한다.
하지만 이것만은 기억하라.
인생이 주는 그 상처를 치료하면
우리는 더욱 더 강해진다는 것을.

The life hurts us at times.
However keep this in mind:
as we heal ourselves from the wound of life,
we become much more strong.

어니스트 헤밍웨이 _미국의 소설가
Ernest Hemingway - An American novelist

행복이 오는 길은 여러 갈래다.
표정 또한 다양하다.
네모라는 행복을 꿈꾸던 당신에게 지금 곁에
다가온 동그란 행복의 미소가 보일 리 없다.
세상살이에 힘을 내고 싶다면
발밑에 떨어진 행복부터 주워 담아라.

The happiness comes in a variety of ways.
It has a variety of expressions, too.
For a person like you who would dream of a square-shaped
happiness, the smile of the round-shaped happiness
would be invisible.
If you want to get empowered for your life, you should
first pick up the happiness right beneath your feet.

틱낫한 _베트남 출신의 승려, 명상가, 평화운동가, 시인
Thích Nhất Hạnh - A Vietnamese monk, meditator, peace
activist, and poet

삶의 기적은 '지금 여기'에 있다.
과거 때문에 괴로워하고 미래를 걱정하면
'지금 여기'에서 세상의 기적과 만날 수 없다.
미래의 기적을 기다리지 말라.

The miracle of the life is on 'here and now'.
If you suffer from the past and worry about the future,
you cannot encounter the miracle of the world at
'here and now'.
Do not wait for the miracle of the future.

.... 🖋 ....

틱낫한 _베트남 출신의 승려, 명상가, 평화운동가, 시인
Thích Nhất Hạnh - A Vietnamese monk, meditator, peace activist, and poet

얻음은 그때를 만난 것이요,
잃음은 자연의 순리에 따른 것이다.
세상에 오면 편안히 그때에 머물고 떠나면
또 그런 순리에 몸을 맡긴다면
슬픔과 기쁨이 비집고 들어올 틈이 없다.

To gain is due to the right time
and to lose is due to the rule of the nature.
When it comes, leave it to the natural rule
and when it leaves, leave it to its own rule.
Then there would be no place for either sadness or
happiness.

장자 _중국 전국시대의 사상가
Chuang-tzu - A theorist in the Warring States Period of China

자기 자신의 존재 법칙에
충실한 것이야말로 인생에서
가장 용기 있는 행동이다.

The most brave action in the life
is to do your best for the rule of your own existence.

칼 융 _스위스 의사, 심리학자
Carl Jung - A Swiss doctor and psychologist

완벽하게 잘하는
사람은 아무도 없다.
그렇기 때문에 다음에는
모두가 더 잘할 수 있다.

There is no person who is perfect.
Therefore everyone can do better when the next chance
comes.

.... ✏ ....

찰리 캐넌 _미국의 교수
Charlie Cannon - An American professor

아무리 하잘것없는 인생이라도
거기에는 우리가 모르는
이유와 가치가 있는 법이다.

There exist secret reason and value
even in the most trivial life.

미치 앨봄 _미국의 작가, 방송인, 칼럼니스트
Mitchell Albom - An American writer, broadcaster, and columnist

어떤 것을 혼자만 갖고 싶다는 것은
악한 사람만이 품는 소원이다.
선한 사람은 자신이 경험한 일이
참된 행복에 가까울수록
남에게 나누어 주고 싶어 한다.

It is a wish of an evil person
to wish to possess something by oneself.
A good person tend to share one's experience
as it is close to the true happiness.

.... 🖋 ....

레프 톨스토이 _러시아의 소설가, 사상가
Lev Tolstoy - A Russian novelist and theorist

현명한 친구는 보물처럼 다루어라.
인생에서 만나는 많은 사람의 호의보다
한 사람의 친구로부터
받는 이해심이 더욱 유익하다.

Treat a wise friend as a treasure.
The understanding from one friend
is more valuable than the kindness of a lot of people.

발타자르 그라시안 _스페인의 철학자, 작가
Baltasar Gracián - A Spanish philosopher and writer

불행을 슬퍼하지 말고
출발점으로 삼아라.
불행을 이용하는 사람에게
그것은 때로 희망의 토대가 된다.

Don't be sad with the misfortune
and treat it as the starting point.
For a person who can make use of the misfortune,
it becomes the foundation of a fortune.

오노레 드 발자크 _프랑스의 소설가
Honoré de Balzac - A French novelist

반딧불이는 폭풍에도 빛을 잃지 않는다.
빛이 자기 안에 있기 때문이다.

The firefly doesn't lose the light
even if when it meets the storm,
for it has the light inside of its own.

스와미 웨다 바라티 _인도의 영성가
Swami Veda Bharati - An Indian meditator

용기를 내라.
고통은 아주 잠시 동안만
정점에 머무른다.

**Be brave.
The pain reaches the peak
only for a short time.**

.... 🖋 ....

아리스토텔레스 _고대 그리스의 철학자
Aristotle - A philosopher of the ancient Greece

괴로운 일에 부딪쳤을 때 우선 감사할
가치가 있는 것을 찾아서 그것에 충분히 감사하라.
그러면 마음에 평온함이 찾아오고 기분이
가라앉으며 어려운 일도 견디기 쉽다.

When you are faced with a painful situation,
find out a value to appreciate and be thankful for it.
Then you will find a peace of mind, calm yourself down,
and easily deal with the difficult situations.

쇼펜하우어 _독일의 철학자
Schopenhauer - A German philosopher

따뜻한 마음으로 사람 안에 살아라.
사람의 따뜻함이란 자신의 마음이
따뜻하지 않고서는 알 도리가 없다.

Live among the people with a warm heart.
You would never know the warmth of the people
unless you yourself have a warm heart.

.... ✀ ....

요시카와 에이시 _일본의 소설가
Yoshikawa Eiji - A Japanese novelist

사람의 마음은 워낙 변덕스러워 먼저 규칙적인
습관을 만들어 마음이 멋대로 움직일 틈을 주지
말아야 한다. 그러기에 습관이 중요하다.

For the mind of a person is so unpredictable,
have a regular habit and do not let your mind to behave
out of your control.
That is the reason why the habit is important.

홍승찬 _ 한국예술종합학교 교수, 작가
Seung Chan HONG - A professor of the Korea National
University of Arts and writer

왜 사느냐고 묻는 것이 철학이라면,
왜 하느냐고 묻는 것이 경영이다.
거듭 묻고 또 물어야 누가, 무엇을, 언제,
어디서, 어떻게 할지를 알 수 있다.
왜 하는지가 뚜렷해야 실패해도 쓰러지지 않는다.

The philosophy is to ask about why we live,
and the management is to ask why we act.
You must keep on asking
in order to know who, what, when, where, and how to do it.
When you have the clear reason of the action,
you never collapse even if you fail.

.... 🖋 ....

홍승찬 _한국예술종합학교 교수, 작가
Seung Chan HONG - A professor of the Korea National
University of Arts and writer

우리가 살아가면서 저지르는 실수의 절반은
이성적으로 생각해야 할 때 감성적이 되고,
감성적이어야 할 때 이성적으로
생각하기 때문에 생긴다.

The half of the mistakes that we make in the life happens
because we become emotional when we should be rational
and because we become rational when we should be
emotional.

존 처튼 콜린스 _영국의 비평가, 언론인
John Churton Collins - An English critic and journalist

강한 사람이란 가장 훌륭하게
고독을 견뎌 낸 사람이다.

A strong person is someone
who have come over the solitude in the greatest way.

························ 🖋 ························

프리드리히 실러 _독일의 극작가, 시인
Friedrich Schiller - A German dramatist and poet

사람이 행복하기 위해서는
행복이 있다는 것을 믿어야 한다.

In order to be happy,
you should believe that there exists the happiness.

.... ✍ ....

에밀 쿠에 _프랑스의 약사, 자기 암시요법 창시자
Emile Coué - A French pharmacist and inventor of the
autosuggestion treatment

삶이 아무리 공허해 보여도 확신과 열정을
가진 사람은 쉽게 물러서지 않는다.
온갖 난관에 맞서 일을 하며,
저항하며 앞으로 나아간다.

Even if the life seems to be void,
a person with the confidence and the enthusiasm never
gives up.
He acts against every kind of obstacles,
and progresses through resistence.

························ 🖌 ························

빈센트 반 고흐 _네덜란드의 화가
Vincent van Gogh - A Dutch painter

만일 당신의 가슴속에서
다른 사람을 돕고자 하는 마음을 발견한다면
당신은 인생에서 성공한 것이다.

If you find a will to help the others
from the inside of your heart,
then you make a success of your life.

마야 안젤루 _ 미국의 소설가
Maya Angelou - An American novelist

자신이 사랑하는 일에 믿음을 가지고
그 일을 계속 밀고 나갈 때,
비로소 그 일은 자신이 가야 할 길로
이끌어 줄 것이다.

When you have faith in the work you love and keep trying,
that work will lead you to your own way.

나탈리 골드버그 _미국의 시인, 소설가
Natalie Goldberg - An American poet and novelist

오늘 하는 일에 전심전력하라.
그리하면 내일은 한 단계 발전할 것이다.

Do your best on what you do today.
Then you will make a step forward tomorrow.

아이작 뉴턴 _영국의 물리학자, 천문학자, 수학자
Isaac Newton - An English physist, astronomer, and mathematician

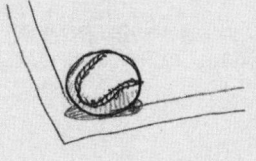

가장 절실히 바라는 것을 떠올려라.
당신 내면에는 반짝이는 창조의 힘이 있다.
그냥 무엇이든 원하는 것을 분명하게 떠올려라.
당신 존재의 심연에 실현의 힘이 있다.

Remind what you wish from the deep inside of your heart.
You have a shining power of creation in your mind.
Whatever it is, remind clearly of what you want.
The power of realization lies in the deep inside of your existence.

.... 🖋 ....

마크 앨런 _미국의 출판 편집인
Mark Allen - An American book editor

무엇이 되고자 하는 것이 아니라
누군가가 되고자 결심할 때
걱정은 사라질 것이다.

When you decide to be someone
instead of to be something,
you will be free from the anxiety.

.... 🖋 ....

가브리엘 샤넬 _프랑스의 패션 디자이너
Gabrielle Chanel - A French fashion designer

새벽에 일어나서 운동하고 공부하며 노력하는데도
인생에서 좋은 일은 일어나지 않는다고
말하는 사람을 본 적이 없다.

I've never seen a person
who says that there is nothing good happens in his life
even if he wakes up early in the morning
to work out, learn, and endeavor.

앤드류 매튜스 _호주의 동기부여 전문가, 작가, 만화가
Andrew Matthews - An Australian motivation expert, writer, cartoonist

난 위험에 대해 그리 많이 생각지 않는다.
난 그저 내가 하고 싶은 것을 할 뿐이다.
앞으로 나아가야 한다면, 나아가면 된다.

I don't think about the danger that much.
I just do what I want to do.
If you should make progress, you just need to make progress.

릴리언 카터 _미국 전 대통령 지미 카터의 어머니
Lillian Carter - The mother of Jimmy Carter, a former president of the United States

꿈을 향해 자신 있게 걸어간다면,
꿈꾸는 대로 살기 위해 노력한다면,
꿈은 기대하지 않은 순간 일상이 될 것이다.

If you walk toward your dream with confidence,
if you try to live in the way that you dream of,
your dream would come true at an unexpected moment.

헨리 데이비드 소로 _미국의 사상가, 문학가
Henry David Thoreau - An American theorist and writer

인생은 스스로를 찾는 것이 아니라,
스스로를 창조하는 것이다.

Life is not to find oneself
but to create oneself.

매리 맥커시 _미국의 소설가, 문예 평론가
Mary McCarthy - An American novelist and literature critic

능력은 당신이 할 수 있는 것을 말하고,
동기부여는 할 일을 결정하며,
태도는 얼마나 잘할지를 결정한다.

The competence tells about what you can do,
the motivation decides what you would do,
and attitude decides how good you would be.

루 홀츠 _미국 풋볼 코치, 스포츠 캐스터
Lou Holtz - An American football coach and sports caster

꿈을 품고 무언가 할 수 있다면
그것을 시작하라.
새로운 일을 시작하는 용기 속에
당신의 천재성과 능력과 기적이 모두 숨어 있다.

If you can do something with a dream in your mind,
start it.
From the courage to start the new things
you may find all of your genius, competence, and miracle.

요한 볼프강 폰 괴테 _독일의 시인, 소설가, 극작가
Johann Wolfgang von Goethe - A German poet, novelist, and dramatist

실패를 두려워하기보다는
진지하지 못한 것을 두려워하라.
진지하다면 설혹 실패했어도
재기할 수 있는 마음이 생긴다.

Be afraid of not being serious,
instead of being afraid of the failure.
If you are serious,
you have the will to restart even if you fail.

마쓰시타 고노스케 _일본의 대표적인 기업인
Matsushita Konosuke - A Japanese entrepreneur

우리가 원하는 것을 얻지 못한다면,
그것은 우리가 간절히 원하지 않았거나
대가를 제대로 치르려 하지 않았다는 증거이다.

If we don't gain what we want,
that is the evidence
that we didn't want it eagerly
or that we didn't try to pay for it properly.

러디어드 키플링 _영국의 소설가, 시인
Rudyard Kipling - An English novelist and poet

도전하고, 도전하라.
도전하는 자리마다 또 다른 내가 태어난다.

**Challenge, and challenge.
Another I would born every time I challenge.**

나폴레옹 보나파르트 _프랑스 황제
Napoléon Bonaparte - A French emperor

누구나 놀라운 잠재력을 갖고 있다.
자신의 능력과 젊음을 믿어라.
그리고 끊임없이 자신에게 말하라.
"모두 다 나 하기 나름이야!"라고.

Everybody has amazing potentiality.
Believe in your ability and youth.
And keep saying to yourself:
"Everything is up to me!"

.... 🖋 ....

앙드레 지드 _프랑스의 소설가, 비평가
André Gide - A French novelist and critic

먼저 자신의 가치를 발견하라.
이것만큼 소중한 것은 없다.
자신의 가치를 발견하지 못한 사람은
스스로를 함부로 대한다.

Find out your value first.
There is nothing more precious than this.
A person who hasn't find his own value
would treat himself carelessly.

----------------------- 🖉 -----------------------

장자 _중국 전국시대의 사상가
Chuang-tzu - A theorist in the Warring States Period of China

선택의 기로에 섰을 때 기다리고 또 기다려라.
그리고 마음이 당신에게 이야기할 때,
그때 일어나 마음이 이끄는 길로 가라.

When it comes the time to make decision, wait and wait again.
And when your mind talks to you,
then stand up and follow as your mind goes.

수산나 타마로 _이탈리아의 소설가, 동화작가
Susanna Tamaro - An Italian novelist and fairy tale writer

목표와 꿈을 반복해서 말하라.
그러면 그것이 당신의 잠재의식에 각인된다.
잠재의식은 당신이 생각하고 꿈꾸는 모든 것을
강력하게 지원해 주는 거대한 에너지 발전소이다.

Repeat your goal and dream.
Then they will be inscribed on your subconscious.
The subconscious is a huge power plant
that would strongly support everything you think and
dream of.

마크 앨런 _ 미국의 출판 편집인
Mark Allen - An American book editor

내게 절실한 것은
무엇을 알아야 하는가가 아니라
무엇을 해야 하는가를
뚜렷이 정립하는 일이다.

What is necessary for me is
not about what to know
but about clearly deciding
what to do.

키에르케고르 _덴마크의 종교 사상가, 철학자
Kierkegaard - A Danish religious theorist and philosopher

인간의 참된 영광이란
단 한 번도 실패 없이 살아가는 데
있는 것이 아니라 실패할 때마다
조용히 그러나 힘차게 다시 일어나는 데 있다.

The true glory of the human is
not on living without any failure
but on starting again quietly but powerfully
every time you fail.

올리버 골드스미스 _영국의 시인, 소설가, 극작가
Oliver Goldsmith - An English poet, novelist, and dramatist

꼭 해야 할 일부터 시작하라.
그다음은 할 수 있는 일을 하라.
그러다 보면 어느 순간 자신이 불가능하다고
생각했던 일을 해내고 있음을 알게 될 것이다.

Start with what you must do.
Then do what you could do.
Then you will soon find out that
you are doing what you've imagined to be impossible.

.... ✂ ....

아시시의 성 프란체스코 _로마 가톨릭의 수도사
Francis of Assis - A monk of the Roman Catholic

성공을 바란다고
성공을 목표로 삼을 필요는 없다.
자기가 좋아하고 믿는 일을 하면
성공은 자연히 찾아온다.

When you want to success,
you don't need to set the success as a goal.
If you do what do like and believe,
the success comes naturally.

데이비드 프로스트 _영국의 작가, 방송인
David Frost - An English writer and broadcaster

정직과 성실을 그대의 벗으로 만들라.
제 아무리 친한 누구라도 그대 안의
정직과 성실만큼 그대를 돕지 못하리라.

Make honesty and faithfulness as your friends.
No other close friends would help you
as your inner honesty and faithfulness would do.

……………………… 🖋 ………………………

벤자민 프랭클린 _미국의 정치가, 과학자, 저술가
Benjamin Franklin - An American politician, scientist and writer

장기적으로 위험을 회피하는 것은
위험에 완전히 노출되는 것보다 안전하지 못하다.
용기와 모험심이 없다면 인생은 아무것도 아니다.

From a long-term perspective,
to avoid the danger is not safer than to put yourself
to the danger.
Without the courage and the spirit of adventure,
the life is nothing.

헬렌 켈러 _미국의 작가, 사회사업가
Helen Keller - An American writer and social worker

변화한다는 것은 경험을 쌓는 것이요.
경험을 쌓는다는 것은
무한히 자기를 창조해 나가는 것이다.

To change means to make experience,
and to make experience means
to create oneself eternally.

앙리 베르그송 _프랑스의 철학자
Henri Bergson - A French philosopher

아무리 좋은 배나무라 할지라도,
그 나무에 배가 아닌 사과가 열리지 않는다.
남의 흉내를 내는 것은 어리석다.
자신의 특성을 살리도록 노력해야 한다.

No matter how great the pear tree is,
it never has apples on it.
It is absurd to imitate the others.
Try to manifest your characteristic.

프앙수아 드 라 로슈푸코 _프랑스의 고전작가, 사상가
François de La Rochefoucauld - A French writer and theorist

너 자신을 누군가에게
필요한 존재로 만들어라.

Make yourself a person
who is necessary to someone.

───────────── ✢ ─────────────

랄프 왈도 에머슨 _미국의 시인, 사상가
Ralph Waldo Emerson - An American poet and theorist

자신이 해야 할 일을
결정하는 사람은
세상에서 단 한 사람,
오직 자기 자신뿐이다.

There is only one person
who decides what for you to do.
That is only you.

.... ✐ ....

오손 웰스 _미국의 영화배우, 감독, 제작, 각본가
Orson Welles - An American actor, director, film maker and scenario writer

평범한 사람은 시간을 단지
어떻게 보낼까를 생각하지만,
지혜로운 사람은 그 시간을
이용하려고 노력한다.

Normal person thinks only about
how to pass time,
but wise person tries to
make the best of the time.

························· ✿ ·························

쇼펜하우어 _ 독일의 철학자
Schopenhauer - A German philosopher

우리는 하루하루를 그저 보내지 말고
하루하루를 내가 가진 그 무엇으로
채워 나가야 한다.

We should fill everyday with something that we have instead of just passing time.

존 러스킨 _영국의 미술 건축 평론가, 사회사상가
John Ruskin - An English social philosopher and critic of art and architecture

항상 무언가를 시작할 때는
뚜렷한 목표를 설정하라.
목표가 없는 노력은
비효율적인 결과를 낳기 마련이다.

When you start something,
set a clear goal.
An endeavor without a goal
would make inefficient result.

폴 J 마이어 _미국의 경영자
Paul J Meyer - An American businessman

세상 경험이 부족한 이들이
가장 쉽게 저지르는 실수 중 하나는
하나를 아는데도 셋을 안다고 착각하는 것이다.

The common mistake with the people with little experience
is to delude himself that he knows about three things
even if he actually knows about one single thing.

장 드 라 퐁텐 _프랑스의 시인, 우화작가
Jean de La Fontaine - A French poet and fable writer

왜 그래야만 하는지를 알고 있다면
당신은 무엇이든 견뎌 낼 수 있다.

If you know why the things should be,
you can endure anything.

프리드리히 니체 _독일의 철학자, 시인
Friedrich Nietzsche - A German philosopher and poet

계속 전진하라.
그러면 당신이 기대하고 있던 것을
우연한 기회에 얻게 될 것이다.
가만히 앉아서 우연히 기회를 잡았다는
이야기는 나는 지금까지 들어 본 적이 없다.

Keep moving forward.
Then you will gain what you expected
through an unexpected chance.
I've never heard of the story
to get the chance by sitting down without progressing.

찰스 프랭클린 캐터링 _미국의 발명가, 교수, 사회철학가
Charles Franklin Kettering - An American inventor, professor,
and social philosopher

자기 자신을 있는 그대로
사랑하고 받아들이며 인정할 때,
모든 일이 잘 풀린다.

Everything goes fine
when you love, accept, and recognize yourself as you are.

.... ✿ ....

루이스 L 헤이 _미국의 동기부여 작가
Louise L Hay - An American writer on motivations

순서를 밟지 않고 급히 서두른 일은
반드시 헛수고로 돌아간다.
한 계단씩 오르는 것이 바로
시간을 절약하는 일이다.

Something on which you hurried while ignoring
the proper steps would go in vain.
To pregress step by step
is the key to save time.

《채근담》_중국 명나라 말기에 문인 홍자성이 지은 어록집
《Caigentan》- A compilation of aphorisms written by the Ming
Dynasty scholar Hong Zicheng

미래는 현재 우리가
무엇을 하고 있는가에 달려 있다.

The future is up to
what we are doing in the present.

마하트마 간디 _인도의 정치 지도자
Mahatma Gandhi - An Indian political leader

길은 가까운 곳에 있다.
그런데도 사람들은 헛되이 먼 곳을 찾고 있다.
일이란 해 보면 쉽다.
시작을 하지 않고 미리 어렵게만 생각하기 때문에
할 수 있는 일들을 놓쳐 버린다.

The road is close to us.
But people seek it in a further place.
The work is easy once you gey started.
But people miss the chances to work
for they assume it to be difficult even before the start.

맹자 _중국 전국 시대의 사상가
Mencius - A philosopher of the Warring States Period of China

인생에서 가장 멋진 일은
사람들이 당신이 해내지 못할 거라
장담한 일을 해내는 것이다.

The most wonderful thing in the life
is to achieve something
that others bet that you cannot achieve.

월터 배젓 _영국의 수필가, 사업가, 언론인
Walter Bagehot - An English essayist, businessman, and journalist

일을 비록 서툴게 할지라도,
그 일을 일단 시도하는 데에
진정한 가치가 있다.

There exists a true value
on trying something,
even if you are poor at it.

길버트 키스 체스터턴 _영국의 언론인, 소설가
Gilbert Keith Chesterton - An English journalist and novelist

천재의 중요한 특징은 완벽함이 아니라
새로운 분야를 개척하는 창의성이다.

The important trait of a genius
is not the perfection but the creativity to pioneer
a new field.

아서 케스틀러 _헝가리 출신의 영국 소설가, 언론인
Arthur Koestler - An English novelist and journalist from Hungary

오직 열중하라.
그러면 마음이 달아오를 것이다.
시작하라.
그러면 그 일이 완성될 것이다.

Keep focus on it, then you will be enthusiastic.
Start it, then it will be completed.

.... 🖋 ....

요한 볼프강 폰 괴테 _독일의 시인, 소설가, 극작가
Johann Wolfgang von Goethe - A German poet, novelist, and dramatist

이 세상에 끈기를
대신할 수 있는 것은 아무것도 없다.
끈기와 굳은 의지만이
모든 것을 가능하게 한다.

There is nothing in the world
that can replace the patience.
Only the patience and the strong will
would make everything possible.

.... ✒ ....

캘빈 쿨리지 _미국의 29대 부통령과 30대 대통령
Calvin Coolidge - The 29th vice president and the 30th
president of the United States

우리가 시작이라 부르는 것이 때로는
끝이 되고 끝이라고 생각할 때 시작이 이루어진다.
끝나는 곳이 바로 우리가 출발할 지점이다.

What we call the beginning at times becomes the end,
and when you think that it's the end, the beginning
happens there.
Where it ends is the right point to start.

토머스 스턴스 엘리엇 _미국계 영국 시인, 극작가, 문학 비평가
Thomas Stearns Eliot - An American English poet, dramatist, and
literature critic

모든 것이 끝났다고
여겨지는 순간이 있기 마련이다.
그때가 곧 시작이다.

There comes the moment
that everything seems to be over.
That is the time to start.

루이 라무르 _미국의 작가
Louis L'Amour - An American writer

실수하며 보낸 인생은
아무것도 하지 않고 보낸 인생보다
훨씬 존경스러울 뿐 아니라 훨씬 더 유용하다.

A life with mistakes
is not only more respectful but more useful
than the life without anything.

조지 버나드 쇼 _아일랜드의 극작가, 소설가, 비평가
George Bernard Shaw - An Irish dramatist, novelist, and critic

기회는 노크하지 않는다.
그것은 당신이 문을
밀어 넘어뜨릴 때 모습을 드러낸다.

The opportunity never knocks.
It appears when you knock down the door.

.... ✺ ....

카일 챈들러 _미국의 영화배우
Kyle Chandler - An American actor

시간이란 내가 가진 단 하나의 동전이다.
최대한 주의해서 쓰지 않으면
다른 엉뚱한 사람들이 나 대신 써 버리게 된다.

Time is the only coin that I have.
If you don't use it consciously,
then others would use it up.

.... 🖋 ....

칼 샌드버그 _미국의 시인 역사가 소설가
Carl Sandburg - An American poet, historian, and novelist

날마다 오늘이 마지막 날이라고 생각하라.
날마다 오늘이 첫날이라고 생각하라.

Think everyday as if it's the last day.
Think everyday as if it's the first day.

《탈무드》
《Talmud》

인생은 흘러가는 것이 아니라 채워지는 것이다.
우리는 하루하루를 보내는 것이 아니라
내가 가진 무엇으로 채워 가는 것이다.

The life is not to be passed but to be filled.
We fill everyday with something that we have
instead of passing time.

....  ....

존 러스킨 _영국의 미술 건축 평론가, 사회사상가
John Ruskin - An English social philosopher and critic of art and architecture

자신의 가치를 결정짓는 것은
사회적 명예나 많은 재산이 아니라
자신의 영혼과 얼마나 일치되어 있는가이다.

What determines you value
is not the social fame or property.
It is the extent that you make harmony with your soul.

.... 🖋 ....

법정 _우리나라의 승려, 수필 작가
Boep Joeng - A Korean monk and essayist

모든 냇물은 바다로 흘러든다.
바다가 냇물보다 낮기 때문이다.
이런 겸양이 바다를 힘 있게 만든다.

Every stream flows into the ocean,
for the ocean is lower than the stream.
This modesty makes the ocean strong.

노자 _중국 고대 철학자
Lao-tzu - A philosopher of the ancient China

모든 존재들과 친밀해지는 것이
바로 깨달음이다.

To be intimate with all the other being
is the enlightment.

.... 🖋 ....

잭 콘필드 _미국의 심리치료사, 수행지도자
Jack Kornfield - An American psychotherapist and meditation coach

나에게 1은 누군가에겐 100이다.
그 1을 귀하게 여겨라.

A 1 for me is a 100 to somebody.
Treat the 1 preciously.

틱낫한 _베트남 출신의 승려, 명상가, 평화운동가, 시인
Thích Nhất Hạnh - A Vietnamese monk, meditator, peace
activist, and poet

쌓아서 채우는 것이 지식이라면,
비우고 덜어 냄으로써 생기는 것이 지혜다.
나눔과 비움 속에 지혜의 싹이 자란다.

The knowledge is made through piling,
and the wisdom is made through empty it.
Sharing and emptying grow the sprout of wisdom.

.... ✎ ....

성타 _우리나라의 승려
Seong Ta - A Korean monk

자신의 지혜에 대해 지나치게
확신하는 것은 현명하지 않다.
가장 강한 것도 약해질 수 있고,
가장 지혜로운 것도 틀릴 수 있음을
기억하는 것이 좋다.

It is not wise to be
excessively certain with your wisdom.
You'd better keep in mind that
the strongest could be weak
and the wisest could be wrong.

마하트마 간디 _인도 정치 지도자
Mahatma Gandhi - An Indian political leader

나이 든다는 것은 마치 등산과 같아서
높이 올라가면 올라갈수록
숨이 가빠지지만 그만큼 시야가 넓어진다.

To age is like to climb a mountain.
The higher you gets,
it makes you pant, but it gives you wider perspective.

.... 🖋 ....

잉마르 베리만 _스웨덴 영화감독, 영화 아티스트
Ingmar Bergman - A Swedish director and film artist

세상을 보는 데는 두 가지 방법이 있다.
한 가지는 모든 만남을 우연으로 보는 것이고,
다른 한 가지는 모든 만남을 기적으로 보는 것이다.

There are two ways to see the world.
One is to assume every encounter as a coincidence
and the other is to assume every encounter as a miracle.

알버트 아인슈타인 _독일 태생의 유대인 이론물리학자
Albert Einstein - A Jewish theoretical physicist from Germant

아는 자가 되지 말고
언제까지나 배우는 자가 되어라.

Don't be a person who knows
but be a person who learns all the time.

.... 🖋 ....

오쇼 라즈니쉬 _인도의 교수, 강연가
Osho Rajneesh - An Indian professor and orator

스스로 드러내지 않는 까닭에 오히려
그 존재가 밝게 나타나며,
스스로를 옳다고 여기지 않는 까닭에
그 옳음이 드러나며,
스스로 자랑하지 않는 까닭에
오히려 그 이름이 오래 기억된다.

The presence appears clearly
for he doesn't show himself,
the rightness appears clearly
for he doesn't regard himself as a right person,
and the name is remembered for a long time
for he doesn't boast by himself.

노자 _중국 고대 철학자
Lao-tzu - A philosopher of the ancient China

정말 즐거움을 주는 것은 소박한 것들이다.
소박한 것들은 위대한
진리에 다가가 있기 때문이다.

What makes us pleasant are the humble things.
Because the humble things are
close to the great truth.

에드워드 바흐 _영국의 의사, 대체의학 치료사
Edward Bach - An English doctor and therapist of alternative medicine

어느 길이든 정답 오답 나누어
정답인 것이 아니라,
다 받아들이면 그대로 정답이다.

No matter what it is,
there is no right or wrong which are already determined,
but everything is right once we accept it.

.... 🖋 ....

법정 _우리나라의 승려, 수필 작가
Boep Joeng - A Korean monk and essayist

어느 누구도 과거로 돌아가서
새롭게 시작할 순 없지만 지금부터 시작하여
새로운 결말을 맺을 순 있다.

Nobody can go back to the past and make a new start.
But anybody can start from now and make a new end.

.... ✂ ....

칼 바르트 _스위스의 신학자
Karl Barth - A Swiss theologian

행복은 존재에 대하여 배우는 것이다.
다른 사람과 어울리는 법을 배우고
그들을 삶에 초대하는 과정에서 행복이 만들어진다.

The happiness is to learn about the existence.
The happiness is generated
through learning how to get along with the others
and through inviting the others to your life.

테레사 프레이리 _포르투갈의 교수
Teresa Freire - A Portuguese professor

걱정거리를 두고
웃는 법을 배우지 못하면
나이가 들었을 때
웃을 일이 전혀 없을 것이다.

If you don't learn how to laugh
even if when facing the anxieties,
then you will have no chance to laugh
when you get old.

에드가 왓슨 하우 _미국의 소설가, 신문과 잡지 편집자
Edgar Watson Howe - An American novelist, editor of
newspapaer and magazine

자신을 알고 싶거든
남과 남의 일에 주의를 기울여라.
남을 알고 싶거든
자기 마음속을 들여다보아라.

If you want to know about yourself,
pay attention to the others and their affairs.
If you want to know about the others,
pay attention to the inside of your mind.

프리드리히 실러 _독일의 극작가, 시인
Friedrich Schiller - A German dramatist and poet

사람의 일생은 돈과 시간을
쓰는 방법에 의하여 결정된다.
이 두 가지 사용법을 잘못하여서는
결코 성공할 수 없다.

A life of a person is determined
by the ways to spend money and time.
If you are doing wrong with spending these two things,
you will never success.

다케우치 히토시 _일본 물리학자
Takeuchi Hitoshi - A Japanese physicist

진실 없는 삶이란 있을 수가 없다.
진실이란 삶 그 자체인 것이다.

A life without truth never exist.
The truth is the life itself.

프란츠 카프카 _유대계의 독일인 작가
Franz Kafka - A Jewish German writer

진정으로 자유와 행복을 원한다면
마음을 가볍게 가지기 바랍니다.
삶이 별것 아닌 줄 알면
도리어 삶이 위대해집니다.

If you truly want the freedom and happiness,
lighten your burdens.
When you realize that the life is nothing,
then on the contrary the life becomes great.

법륜 _우리나라의 승려
Beop Ryun - A Korean monk

어디에 있느냐는 중요하지 않다.
어디로 가고 있느냐가 중요하다.

It doesn't matter where you are.
What matters is where you are going to.

올리버 웰델 홈즈 주니어 _미국의 법학자
Oliver Wendell Holmes Jr - An American jurist

아무리 작은 것도
이를 만들지 않으면 얻을 수 없고,
아무리 총명하더라도
배우지 않으면 깨닫지 못한다.
노력과 배움 없이는 인생을 밝힐 수 없다.

Even a small thing cannot be obtained
if you don't make it.
Even if you are smart,
you will never know if you don't learn.
Without the endeavor and learning, you cannot brighten
your life.

장자 _중국 전국시대의 사상가
Chuang-tzu - A theorist in the Warring States Period of China

급한 마음은 병든 것이고,
느긋한 마음은 건강한 것이며,
흔들리지 않는 마음은 신의 것이다.

A hurrying mind is an ill mind,
a relaxed mind is a healthy mind,
and an unwavering mind is a mind of the god.

메허 바바 _인도의 정신적 지도자, 명상가
Meher Baba - An Indian spiritual leader and meditator

우리의 운명은 겨울철 과일나무와 같다.
그 나뭇가지에 다시 푸른 잎이 나고
꽃이 필 것 같지 않아도,
우리는 그것을 꿈꾸고 그렇게 될 것을 알고 있다.

Our destiny is like a fruit tree of the winter.
Even when the tree doesn't seem to
have green leaves and flowers again,
we dream of it and we know that it will come true.

요한 볼프강 폰 괴테 _독일의 시인, 소설가, 극작가
Johann Wolfgang von Goethe - A German poet, novelist, and dramatist

우리는 많은 것을 시행착오를 겪은 뒤에야 깨닫는다.
이 깨달음이 모여 인생의 지도를 만들어 나간다.
결국 인생이란 지금 발을 딛고 있는 현실에 맞게
머릿속의 지도를 수정해 나가는 과정이다.

We understand something after a lot of trial and error.
These understandings gather and make the map of life.
The life is a process of modifying the map of the mind
to be adjusted to the reality where you are standing on.

고든 리빙스턴 _미국 정신과 의사, 심리상담가, 정신분석의, 작가
Gordon Livingston - An American psychiatrist, psychology
consultant, psychoanalyst and writer

"나는 최선을 다했다."
이 삶의 철학 하나면 충분하다.

"I've done my best."
With this philosophy of life, everything is enough.

린위탕 _중국 소설가, 문명비평가
Lin Yutang - A Chinese novelist and critic on civilization

어떤 일을 한 후에
즐겁게 느껴지면 도덕적인 것이고,
불쾌하게 느껴지면 비도덕적인 것이다.

When you feel pleasant after doing something,
then that's moral
and when you feel uncomfortable, then that's immoral.

.... 🖋 ....

헤밍웨이 _미국의 소설가
Hemingway - An American novelist

자신의 존재에 대해 깊이 고민하다 보면
자신이 세상의 전부가 아니라 전체를 이루는
특별한 일부라는 사실을 깨닫게 된다.

If you keep contemplating deeply about your existence,
you realize that you are not the entire world
but a special part which makes up the whole.

레프 톨스토이 _러시아 소설가, 사상가
Lev Tolstoy - A Russian novelist and theorist

행복을 추구하는 것도 중요하지만
행복을 누릴 자격을
갖춘 사람이 되는 것이 더 중요하다.

To pursue the happiness is important,
but to become a person who deserves the happiness
is more important.

임마누엘 칸트 _독일의 계몽주의 철학자
Immanuel Kant - A German Enlightenment philosopher

진심에서 나오는 말이 마음을 움직이고,
밝은 양심에서 나오는 말이 마음을 꿰뚫는다.

A word from the heart moves the mind,
and a word from a pure conscience penetrates the mind.

.... ✒ ....

윌리엄 펜 _영국의 신대륙 개척자
William Penn - An English pioneer for the New World

사람들은 흔히 시간이 모든 것을
바꾸어 준다고 말하지만
실제로 자기를 변화시키는 것은
시간이 아니라 자기 자신이다.

People often say that
the time changes everything.
However it is not the time but yourself
that changes you.

앤디 워홀 _미국의 미술가, 영화제작자
Andy Warhol - An American artist and film maker

두 눈을 크게 뜨는 사람은
인생의 많은 부분이 잘될 것이다.
그러나 한 눈을 감을 줄 아는 사람은 더 잘된다.

A person with two wide eyes
would have a good life.
But a person who knows how to close one eye
would have a better life.

요한 볼프강 폰 괴테 _독일의 시인, 소설가, 극작가
Johann Wolfgang von Goethe - A German poet, novelist, and dramatist

마음과 싸우지 말라.
다만 마음을 옆으로 내려놓아라.
삶은 풀어야 할
문제가 아니라 살아야 할 신비다.

Do not fight with your mind.
Just place it to your side.
The life is not a problem to solve
but a mystery to live.

오쇼 라즈니쉬 _인도의 교수, 강연가
Osho Rajneesh - An Indian professor and orator

다른 사람의 잘못을 판단할 때는
그 잘못한 행위만 보지 말고
의도가 무엇이었는지 생각하라.
다른 사람의 훌륭함을 따를 때에는
그 동기가 무엇이었는지 따지지 말고
그 좋은 행동만을 본받아라.

When you evaluate the fault of the other,
do not consider only the behavior
but consider the intention.
When you follow the greatness of the other,
do not consider the intention
but follow only the good behavior.

────────── ✣ ──────────

채근담 _중국 명나라 말기에 문인 홍자성이 지은 어록집
《Caigentan》- A compilation of aphorisms written by the Ming
Dynasty scholar Hong Zicheng

질문을 잊지 않으면 언젠가
그 답 안에서 살고 있는
자신을 만나게 될 것이다.

If you don't forget about the question,
someday you will find yourself
living in the answer of the question.

라이너 마리아 릴케 _독일의 시인. 문학가
Rainer Maria Rilke - A German poet and writer

삶의 의미보다 삶
그 자체를 더 사랑해야 한다.

Love the life itself
much more than the meaning of the life.

표도르 도스토옙스키 _러시아 소설가
Fydor Dostoevskii - A Russian novelist

그대가 그대 자신에 대해서
생각하는 것이야말로 다른 사람이
그대에 대해서 생각하는 것보다 훨씬 중요하다.

What you think about yourself
is much more important than
what others think about you.

.... ✎ ....

루키우스 아나이우스 세네카 _고대 로마의 철학자
Lucius Annaeus Seneca - A philosopher of the ancient Roman Empire

삶은 새로운 것을 받아들일 때만 발전한다.
결코 아는 자가 되지 말고
언제까지나 배우는 자가 돼라.
마음의 문을 닫지 말고 항상 열어 두도록 하라.

The life progresses only when you accept new things.
Never become a person who knows
but become a person who learns.
Do not close the door of the mind and leave it open.

오쇼 라즈니쉬 _인도의 교수, 강연가
Osho Rajneesh - An Indian professor and orator

자존심은 자기 수양의 기본이다.
진정한 의미의 자존심은 자기 자신에게
'안 돼'라고 말할 수 있을 때 지켜진다.

The fundamental of the confidence is the self-discipline.
The true confidence can be protected
only when you can say 'no' to yourself.

아브라함 요수아 헤셸 _폴란드 출신 미국의 유대교 신학자, 철학자
Abraham Joshua Heschel - An American Jewish theologian and
philosopher from Poland

나는 빛을 사랑할 것이다.
빛이 나에게 길을 보여 주기 때문에.
그러나 나는 어둠도 참아 낼 것이다.
어둠이 나에게 별들을 보여 줄 테니까.

I would love the light
for the light shows me the road.
However I would also endure the darkness
for the darkness shows me the stars.

························· 🖋 ·························

오그 만디노 _미국의 작가
Og Mandino - An American writer

감사하는 법을 배울 때
우리는 인생에서 나쁜 일이 아니라
좋은 일에 집중하는 방법을 배우게 된다.

When you learn how to appreciate,
we learn how to focus on the good things of life
instead of the bad things of life.

.... ✑ ....

에이미 밴더빌트 _미국의 작가
Amy Vanderbilt - An American writer

가시덤불 속에 가시가 있다는 것을 알지만,
그래도 손 내밀어 꽃을 발견하려는
일을 그만두지 않는다. 인생도 이와 같다.

Even if we know that there are the thorns under the bush,
we still keep stretching the hand
and trying to find the flowers.
That is the life.

.... ✿ ....

조르주 상드 _프랑스의 소설가
George Sand - A French novelist

삶을 만들어 가는 건 계속해서
이어지는 나날들이다.
이 시간 속에서 우리는
평화와 기쁨, 치유를 경험한다.
작고 소소한 기적들이 하루하루를
의미 있게 만들어 준다.

What makes the life is the continuing days.
In these days we experience
peace, joy, and healing.
Small and trivial miracles
make everyday meaningful.

마크 네포 _미국의 철학자, 시인
Maek Nepo - An American philosopher and poet

인간의 진짜 주소는 집이 아니라 길이다.
그리고 인생은 그 자체가 여행이다

The true address of a person is
not on the house but on the road.
And the life itself is a journey.

.... 🖉 ....

브루스 채트윈 _영국의 작가
Bruce Chatwin - An English writer

어리석은 사람은
자기가 현명하다고 생각하지만
현명한 사람은
자기가 어리석다는 것을 안다.

Foolish person think himself
as a wise person.
Wise person knows that
he himself is foolish.

.... 🖋 ....

윌리엄 셰익스피어 _영국의 극작가, 시인
William Shakespeare - An English dramatist and poet

남의 말을 경청하는 사람은
어디서나 사랑 받을 뿐 아니라
시간이 흐르면 지식을 얻게 된다.

A person who listen closely to the others
would not only be loved by everyone
but also gain the knowledge as the time goes.

윌슨 미즈너 _미국의 극작가, 이야기꾼
Wilson Mizner - An American dramatist and story teller

인생이란 또 사랑이란,
우리 마음을 처음에는 나에게,
그다음에는 다른 사람에게
조금씩 열어 나가는 과정이다.

The life and the love
are the processes of open my mind
little by little
first to myself and then to the others.

대니얼 고틀립 _미국의 심리학자, 가족문제 치료 전문가
Daniel Gottlieb - An American psychologist and family counselor

행복은 자기만족에서 얻어지는 것이 아니라,
가치 있는 일에 충실할 때 얻어진다.

The happiness comes not from the self-contentement
but from the devotion to the valuable work.

헬렌 켈러 _미국의 작가, 사회사업가
Helen Keller - An American writer and social worker

참된 한가함이란
우리가 좋아하는 것을 하는 자유이지
아무것도 안 하는 것은 아니다.

The true freedom
is the freedom to do what we love
not the freedom to do nothing.

조지 버나드 쇼 _아일랜드의 극작가, 소설가, 비평가
George Bernard Shaw - An Irish dramatist, novelist, and critic

좋은 인격은 주어지는 것이 아니다.
인격은 생각과 선택과 용기와 결단이
하나하나 쌓여서 만들어진다.

The good personality is not given.
It is made up of every single
thought, choice, courage, and decision.

.... ✎ ....

존 루터 _영국의 성가 작곡가
John Rutter - An English hymn composer

한 가지 일을 반드시 이루어야겠다고
생각한다면 내가 가진 한 가지가
깨뜨려지는 것을 마음 아파하지 말라.
나의 소중한 것과 바꾸지 않고서는
어떤 일도 이루어지지 않는다.

If you decide to achieve one thing,
then don't be sad with breaking up
one thing that you have.
Without exchanging with your precious thing,
you would never achieve anything.

관이오 _중국 춘추전국시대 재상
Guan Yíwú - A prime minister of the Warring States Period of China

그대가 삶을 값지게 보내고 싶다면
날마다 아침에 눈을 뜨는 순간 이렇게 생각하라.
'오늘은 단 한 사람을 위해서라도 좋으니
누군가 기뻐할 만한 일을 하고 싶다'라고.

If you want to have a valuable life,
think as below every morning you wake up:
'I'd like to do something pleasant
at least for one single person.'

프리드리히 니체 _독일의 철학자, 시인
Friedrich Nietzsche - A German philosopher and poet

인격을 판단하는 진정한 기준은
아무도 알아주지 않으리란 것을 알면서도
자신의 일을 얼마나 성실히 하는가이다.

The true standard to evaluate the personality
is on how a person is sincere to his work
even if when he knows that nobody would recognize him.

존 맥스웰 _미국의 리더십 전문가, 작가
John Maxwell - An American expert in leadership and writer

당신이 만약 참으로 '열심히' 산다면
'나중에'라고 말하지 말고,
지금 당장 이 순간에
해야 할 일을 시작해야 한다.

If you are truly living 'diligently',
then do not say 'later'.
Start right now
what you should do now.

.... ✍ ....

요한 볼프강 폰 괴테 _독일의 시인, 소설가, 극작가
Johann Wolfgang von Goethe - A German poet, novelist, and dramatist

화는 당신을 작게 만들지만,
용서는 당신을 크게 만든다.

The anger makes you smaller
but the forgiveness makes you greater.

체리 카터 스콧 _미국의 간행물 저자
Chérie Carter-Scott - An American publication writer

자기의 잘못을 고백하는 것은,
오늘은 어제보다 한층 더
현명하게 되었다는 것을 의미하므로
아무것도 부끄러워할 필요가 없다.

To confess your fault
means that you become much wiser today than yesterday.
Therefore there is nothing to be ashamed about.

.... 🖋 ....

알렉산더 포프 _영국의 시인, 비평가
Alexander Pope - An English poet and critic

좋은 항아리가 있으면 아낌없이 사용하라.
내일이면 깨질지도 모른다.

If you have a good pot,
make use of it to the utmost.
It may be broken tomorrow.

《탈무드》
《Talmud》

성격이 모두 나와 같아지기를 바라지 말라.
매끈한 돌이나 거친 돌이나
다 제각기 쓸모가 있는 법이다.

Do not hope that everyone has the personality like you.
Each of stone has its own usage
no matter the stone is smooth or rough.

도산 안창호 _우리나라 독립운동가, 교육자, 정치가
Chang-ho AHN - A Korean independent activist, educator and politician

나무처럼 살자.
제 홀로 뿌리 내리고 가지 뻗고
때 되면 잎사귀 떨구는 나무처럼.
알아볼 자 없다고 약해지거나 티 내지 않은 채
안으로 속살을 키워 내는 나무처럼.

Live like a tree.
Like a tree that takes root
and spreads out the branches for itself
and lets the leaves fall when the time comes.
Like a tree that grows up from the inside of the trunk
without becoming weak or showing for there is nobody to
recognize it.

루쉰 _중국 문학가 겸 사상가
Lu Hsun - A Chinese writer and theorist

진심에서 우러나오는 겸손은
세상에서 가장 크게 사람 마음을 이끈다.

The humbleness from the sincerity
leads the people's mind to the utmost in the world.

레프 톨스토이 _러시아 소설가, 사상가
Lev Tolstoy - A Russian novelist and theorist

추녀 끝에 걸어 놓은 풍경은
바람이 불지 않으면 소리를 내지 않는다.
인생도 힘든 일이 있기 때문에
비로소 즐거움도 알게 된다.

The wind chime hanging at the corners of the eaves
would not make sound unless the wind blows.
We can understand the joy
for there are obstacles in the life.

채근담 _중국 명나라 말기에 문인 홍자성이 지은 어록집
《Caigentan》- A compilation of aphorisms written by the Ming
Dynasty scholar Hong Zicheng

인생은 나이가 아니라 행동이고,
호흡이 아니라 생각이며,
존재가 아니라 느낌이다.

The life is not the age but the action,
not the breathe but the thought,
and not the existence but the feeling.

필립 제임스 베일리 _영국의 시인
Philip James Bailey - An English poet

사람들과 좋은 관계를 맺는
방법은 아주 간단하다.
무엇이 다른지가 아니라
무엇이 같은지를 생각하라.

How to make good relationship with people
is really simple.
Think about what is the same
instead of what is different.

레프 톨스토이 _러시아 소설가, 사상가
Lev Tolstoy - A Russian novelist and theorist

지식이란 무릇 알면 적용하고,
모르면 모름을 인정하는 것이다.

The knowledge is to apply something when you know
and recognize the fact that you don't know when you don't
know.

·························· ✒ ··························

공자 _중국 춘추 전국시대 정치가, 교육자, 사상가
Confucius - A Chinese politician, educator and theorist of the
Warring States Period

인생의 재미란 바로 그런 것이다.
만약 최상의 것을 구하지 않고 적당히 안주하면,
삶은 우리에게 꼭 그만큼만 준다.

The joy of life is like this:
If you don't seek for the best thing and settle for the current status,
life gives us only to that extent.

서머싯 몸 _영국의 작가, 극작가
Somerset Maugham - An English writer and dramatist

자신을 사랑하면
모든 것이 제대로 굴러간다.
무언가를 성취하고 싶다면
진실로 자신을 사랑하라.

If you love yourself,
everything goes properly.
If you want to make achievements,
love yourself from the deep inside of your heart.

루실 볼 _미국 코미디언, 영화배우
Lucille Ball - An American comedian and actor

지혜로운 자는 자신에게 묻고
어리석은 자는 남에게 묻는다.

A wise person ask to himself
and a foolish person ask to the others.

.... 🖋 ....

헨리 아놀드 _미국의 군인
Henry Arnold - An American soldier

지금의 내 인생은 그동안
내가 생각하고 행동한 것을
더하지도 빼지도 않고
그대로 보여 주고 있을 뿐이다.

My life shows
what I have thought and done as it is
without any overestimation or underestimation.

루키우스 아나이우스 세네카 _고대 로마의 철학자
Lucius Annaeus Seneca - A philosopher of the ancient Roman Empire

우리는 반복해서 행동하는 존재이다.
따라서 탁월함이란 행동이 아니라 습관이다.

We are the being which behaves repeatedly.
Therefore the excellence is not the action but the habit.

아리스토텔레스 _고대 그리스의 철학자
Aristoteles - A philosopher of the ancient Greece

자신이 남보다 뛰어나다고
생각하는 사람일수록
다른 사람에게 엄격하고,
겸손한 사람일수록
다른 사람에게 화내지 않는다.

The person who thinks himself
as a person who is much better than the others
would be strict to the others.
And the person who is modest
wouldn't be upset to the others.

레프 톨스토이 _러시아 소설가, 사상가
Lev Tolstoy - A Russian novelist and theorist

사람들은 그다지 다르지 않다.
하지만 작은 차이가 큰 차이를 만든다.
그 작은 차이란 바로 태도이다.
그리고 큰 차이란 긍정과 부정을 말한다.

People are not much different from each other.
But a small difference makes big difference.
The small difference is the attitude.
And the big difference is the optimism and pessimism.

W 클레멘트 스톤 _미국의 사업가, 자선가, 자기계발서 저술가
W Clement Stone - An American businessman, philanthropist
and writer of self-improvement book

시간이란 우리가 사용할 것이지
얽매일 것이 아니다.

The time is what we make use of,
not what we are bounded to.

무사 앗사리드 _프랑스의 방송기자, 작가
Moussa Ag Assarid - A French reporter and writer

사람들이 살면서 겪는 일들을
보다 열린 마음으로 대한다면,
잡을 수 없었던 많은 것들이
사실은 자신이 간절히 원했던 것이
아님을 깨닫게 될 것이다.

If you treat the events of your life
with an open mind,
then you will realize
that many things that you couldn't seize
were in fact not the things that you truly wanted.

앙드레 모루아 _프랑스의 소설가, 전기작가, 평론가
André Maurois - A French novelist, biography writer and critic

인간을 잘 이해하는 방법은
한 가지밖에 없다.
그들을 판단하는 데
결코 서두르지 않는 것이다.

There is only one way
to well understand the people.
That is to never hurry to judge them.

------------------------ ✎ ------------------------

생트 뵈브 _프랑스의 작가, 비평가, 시인
Sainte-Beuve - A French writer, critic and poet

사람을 믿는 것은
사람들이 모두 성실하지 않더라도
자기만은 홀로 성실하기 때문이요,
사람을 의심하는 것은
사람들이 모두 속이는 것은 아닌데도
자기가 먼저 속기 때문이다.

To trust people
comes from the fact that he alone is sincere
even though the others are not sincere.
To doubt people
comes from the fact that he deceives the others
even though the others are not deceiving.

채근담 _중국 명나라 말기에 문인 홍자성이 지은 어록집
《Caigentan》- A compilation of aphorisms written by the Ming Dynasty scholar Hong Zicheng

천 번의 기도보다 단 한 번의 행동으로
단 한 사람한테라도 기쁨을 주는 일이 훨씬 낫다.

A single action that gives the joy to a single person
is way better than a thousand prayers.

마하트마 간디 _인도 정치 지도자
Mahatma Gandhi - An Indian political leader

경험이란 헤아릴 수 없는
값을 치른 보물이다.

The experience is the treasure of an unimaginable price.

윌리엄 셰익스피어 _영국의 극작가, 시인
William Shakespeare - An English dramatist and poet

행복의 문 하나가 닫히면 다른 문이 열린다.
하지만 우리는 닫힌 문을 너무 오래 바라보느라
열린 문을 보지 못한다.

When one door of the happiness closes, the other opens.
However we do not find the open door
for we spend too much time on staring at the closed door.

헬렌 켈러 _미국의 작가, 사회사업가
Helen Keller - An American writer and social worker

사람이 가장 두려워하는 것은
새로 한 발자국을 내딛고,
새로 한 단어를 말하는 것이다.

What the people are most afraid about
is to make a new step
and to say a new word.

표도르 도스토옙스키 _러시아 소설가
Fydor Dostoevskii - A Russian novelist

말을 해야 할 때 하지 않으면
백 번 중 한 번 후회하지만
말을 하지 말아야 할 때 하면
백 번 중 아흔아홉 번 후회한다.

If you don't say when you have to say,
you would regret once among a hundred times.
However if you say when you must not say,
you would regret for 99 times among a hundred times.

레프 톨스토이 _러시아 소설가, 사상가
Lev Tolstoy - A Russian novelist and theorist

사람이 여행하는 것은
도착하기 위해서가 아니라
출발하기 위해서이다.

The reason why people travel
is not to arrive but to start.

.... 🖊 ....

요한 볼프강 폰 괴테 _독일의 시인, 소설가, 극작가
Johann Wolfgang von Goethe - A German poet, novelist, and dramatist

젊음은 자신을 진지하게 받아들일 날을,
노년은 희생할 날을 기다린다.
젊은이의 임무는 무언가 이루는 것이고,
성숙한 사람은 스스로를 내주는 것이기 때문이다.

The young person waits for the time
to accept himself sincerely
and the old person waits for the time to sacrifice.
The mission of the young is to achieve something
and the mission of the old is to devote himself.

헤르만 헤세 _독일의 소설가, 시인
Hermann Hesse - A German novelist and poet

인생이 주는 최고의 상은
가치 있는 일에 열심히 일할 수 있는
기회가 주어지는 것이다.

The best prize that the life gives to us
is the opportunity to do your best
for the valuable job.

프랭클린 D 루즈벨트 _미국의 제32대 대통령
Franklin D Roosevelt - The 32nd president of the United States